광수 문학상
수상작품집

제1회 광수문학상 수상작품집

초판인쇄 | 2019년 1월 18일

엮 은 곳 | 대한불교천태종 광수사 042 · 823 · 0332~4
지 은 이 | 여진수, 김종민 외

발 행 처 | 도서출판 이든북
출판등록 | 제2001-000003호
주   소 | 대전광역시 동구 태전로 43-1 (의지빌딩 201호)
전화번호 | (042)222-2536
팩시밀리 | (042)222-2530
전자우편 | eden-book@daum.net

ISBN 979-11-87833-83-3 03810
값 10,000원

* 이 책자의 실린 내용은 무단으로 복사 전재하거나 변형하여 사용할 수 없습니다.
* 이 책의 저작권은 저자와 광수사에 있으므로 사전협의 없이 사용할수 없습니다.

이 도서의 국립중앙도서관 출판예정도서목록(CIP)은 서지정보유통지원시스템 홈페이지(http://seoji.nl.go.kr)와 국가자료종합목록시스템(http://www.nl.go.kr/kolisnet)에서 이용하실 수 있습니다. (CIP제어번호 : CIP2019001199)

광수 문학상
수상작품집

발간사

무원
대한불교천태종 광수사 주지

안녕하십니까?

대한불교천태종 광수사가 2019년 대전방문의 해를 맞아 문화예술을 통한 문화융성의 저변을 확대하고자 광수문학상을 제정하였습니다. 이 문학상의 원만한 운영을 위해 후원과 협찬을 해 주고 지도 편달 해 주신 대전불교총연합회와 불교중흥위원회 그리고 유성구청장님과 대전시장님 등 모든 분들께 감사드립니다. 제1회 광수문학상 공모에 관심을 가져 주시고 응모해 주신 모든 분들께도 진심어린 감사의 말씀을 드립니다.

첫해임에도 불구하고 200여 편의 작품이 응모되어 공정하고 엄정한 심사를 거쳐 각 상별 수상자를 결정하게 되었습니다. 수상의 영예를 안으신 분들에게 진심어린 축하의 말씀을 드리고, 이번에 수상권에 들지 못하신 분들에게도 격려와 감사의 말씀을 드립니다.

이른바 '스마트 폰 시대'를 살아가고 있는 현대인들에게 문학이 어떤 의미가 있는가를 묻는 사람들이 많습니다. 현 시대는 문학이 설 땅을 잃은 시대라고 평가 하는 사람들도 적지 않습니다. 그러나 문학은 버림받은 것도 아니고 그 가치가 사라진 것도 아닙니다. 인간에게 마음이 있고 인간 사회를 지배하는 사상이 있는 한 문학은 존재할 수밖에 없습니다.

발간사

　마음을 전달하고 역사를 기록하려는 인간의 본성과 사회적 속성은 아무리 통신이 발달하고 매체가 발달해도 사라지지 않습니다. 오히려 다문화 다매체 고속통신의 시대를 살아가는 사람들이 더 진정한 서정과 더 아름다운 표현을 갈망하게 됩니다. 그래서 문학은 영원히 현재진행형이고 항상 미래지향적입니다.

　종교가 인간의 심원을 들여다보고 미래를 내다보듯, 문학도 인간의 깊은 내면을 응시하여 정서의 순화를 추구합니다. 교통통신의 발달과 첨단사회로의 변화가 인간 생활에 편익을 제공하는 것은 맞지만, 심성의 정화와 정서의 교감을 충족시키지는 못합니다. 그래서 문학이라는 장르를 통해 문화예술의 저변을 확대하고 그 선순환의 기능으로 사회에 기여하고자 합니다.

　대한불교천태종은 애국불교 생활불교 대중불교를 3대지표로 개인과 사회에 부처님의 가르침을 실천하며 국운융창과 인류평화를 추구하고 있습니다. 광수사는 그러한 정신을 바탕으로 청소년들의 정서 함양과 지역민들의 문화 예술적 심성을 계발하고자 제정한 광수문학상을 더욱 향상시켜 나갈 것을 약속드립니다.

　이 문학상의 출발에 호응하여 동참해 주시고 후원해 주신 모든 분들에게 다시 한 번 감사의 인사를 드리며, 앞으로도 꾸준하고 적극적인 관심과 지도편달을 당부 드립니다. 이번 제1회 광수문학상 공모가 과학과 예향의 도시 유성구와 대전시를 더욱 성장시키는 튼튼한 동력이 되기를 기원합니다.

　감사합니다.

2019. 1

축사

허태정
대전광역시장

안녕하십니까? 대전광역시장 허태정입니다.

제1회 광수문학상 공모전 수상작들을 담은 작품집이 발간된 것을 기쁘게 생각합니다.

훌륭한 작품을 응모해주신 모든 분들께 감사드리며, 수상자 여러분들께는 진심으로 축하를 드립니다. 아울러, 이번 공모전을 위해 애쓰신 광수사 무원스님을 비롯한 관계자 여러분께도 감사의 말씀을 드립니다.

2019년은 우리시가 시 출범 70주년, 광역시 승격 30주년을 맞는 뜻깊은 해입니다. 시에서는 이를 기념하여 '대전방문의 해'를 야심차게 준비하고 있습니다.

대전 방문의 해는 침체돼 있는 대전에 새로운 기회가 될 것이며, 우리시가 중부권 관광거점 도시로 도약하는 발판이 될 것입니다.

축사

　이를 추진함에 있어서 가장 중요한 것은 지역사회의 모든 역량을 모으는 것입니다. 그런 의미에서 지역의 대표 사찰인 광수사가 대전문인협회와 함께 '대전의 이야기'를 주제로 한 공모전을 개최해 주신 것은 매우 뜻깊은 의미가 있습니다.

　이번 공모전을 통해 우수한 작품들이 많이 출품됐습니다. 이 작품들이 대전의 매력과 숨은 이야기를 널리 알리면서 대전의 도시브랜드 가치를 한층 높여 주리라 믿습니다. 아울러, '대전방문의 해' 성공의 밑거름이 되리라 생각합니다.

　모쪼록, 본 작품집이 많은 사람들에게 널리 읽히기를 바라며, 수상자 여러분과 공모전을 위해 애쓰신 모든 분들께 다시 한 번 감사드립니다.

　고맙습니다.

2019. 1

축사

김 종 천
대전광역시의회 의장

　기해년(己亥年) 새해 부처님의 자비가 온 세상에 가득하길 바라며, 불자 여러분의 새해 소망이 모두 이루어지길 축원합니다.

　우리 대전의 이야기가 가득 담긴 「제1회 광수문학상 공모전 수상작품집」 발간을 진심으로 축하드립니다. 또한, 애국불교, 생활불교, 대중불교의 가치를 실행하시며 지역사회에 보시를 실천해주시는 대한불교천태종 광수사 주지 무원 스님과 불자 여러분께 감사드립니다.

　아울러, '2019 대전방문의 해'를 기념하여 4차산업혁명 도시, 대전을 알리는 뜻깊은 공모전을 개최해 주시고, 지역 문화예술 발전을 위해 노력해 주시는 것에 대해서도 심심한 감사의 말씀을 드립니다.

축사

 평소 무원스님께서는 "좋은 일을 하면 좋은 일이 생긴다.", "좋은 일은 가진 자들만의 전유물이 아니다. 부모님에게 물려받은 몸 집으로 좋은 생각과 말, 행동으로 신구의 삼업을 짓는 것이 인생의 가장 중요한 농사"라 강조하셨습니다. 이와 함께 좋은 일 실천 수행운동을 전개하면서 사회복지와 보훈, 한반도의 평화·통일에 이르기까지 사회 곳곳에 지혜와 자비를 베풀어 주시고 계십니다.
 이처럼 부처님의 말씀으로 좋은 일을 많이 해주시는 불자님들께도 분명 좋은 일이 생길 것이며, 실행에 옮겨주신 좋은 일들은 온 세상에 맑은 향기를 전해줄 것입니다.

 앞으로도 "나무가 자라듯이 마음도 자란다."는 마음가짐을 갖고 끊임없이 수행과 정진하시길 바라며, 얻으신 큰 깨달음으로 우리 사회를 더욱 편안하고 넉넉하게 만들어 주시길 바랍니다. 끝으로 부처님의 광명이 광수사와 온 누리를 밝혀 주기를 발원합니다.

2019. 1

축사

설 동 호
대전광역시 교육감

보람찬 한 해를 보내고 희망찬 새해를 열어가는 뜻깊은 시기에 「제1회 광수문학상 공모전 수상작품집」 발간을 축하드립니다.

'2019 대전 방문의 해'를 기념하며 대전지역의 문화예술 발전을 도모하고자 광수문학상 공모전을 개최하시고 수상작품집을 발간하신 대한불교천태종 광수사 김무원 주지스님을 비롯한 관계자 여러분께 축하와 감사를 드립니다. 감동적인 글로 공모전에서 입상하신 수상자 여러분께 축하의 말씀을 드립니다.

대한민국의 지리적 중심이자 첨단과학의 도시 대전에서 '대전의 이야기'를 주제로 한 광수문학상 공모전은 우리 모두에게 대전에 대한 관심과 애정을 불러일으켜 지역 발전의 원동력이 될 것입니다. 주옥같은 작품들을 발굴해내고 과거와 미래, 생태와 과학이 공존하는 우리 대전의 아름다운 이야기를 나누는 공모전으로 더욱 발전해 나가기를 소망합니다.

축사

  아울러 「제1회 광수문학상 공모전 수상작품집」을 통하여 다양한 대전의 이야기를 담은 귀중한 작품들을 널리 알리고 지역사회의 문화예술 발전을 이끌어 나가기를 바랍니다.

  우리 모두의 마음 속에 평화와 번영, 지혜와 광명이 활짝 피어나 아름답고 행복한 미래를 활짝 열어가기를 기대합니다. 대한불교 천태종 광수사의 무궁한 발전과 여러분 모두의 건강과 행복을 기원합니다. 감사합니다.

2019. 1

축사

정 용 래
대전광역시 유성구청장

 2019년 황금돼지띠 새해를 문학으로 열게 된 「제1회 광수문학상 공모전 수상작품집」 발간을 진심으로 축하드립니다

 많은 시민들이 대전의 이야기를 주제로 한 창작문학을 펼칠 수 있도록 자리를 마련해 주신 광수사 무원 주지스님을 비롯한 관계자 여러분의 노고에 깊은 감사를 드립니다.

 아울러, 이번 공모전에서 수상의 영예를 안은 수상자 여러분, 진심으로 축하드리며 마음을 풍요롭게하는 문학예술과 오래도록 좋은 친구가 되기를 희망합니다.

축사

광수사는 부처님의 가르침을 바탕으로 그동안 지역사회에서 활발한 문화사업과 사회복지사업을 통해 유성발전과 지역화합에 이바지하고있습니다.

앞으로도 지역문화예술 발전을 위하여 지속적으로 문화교류의 장을 열어주시길 바라며, 이번 광수문학상 공모전이 우리 문화예술을 더욱 발전시키는 계기가 되기를 기대합니다.

다시 한 번 「제1회 광수문학상 공모전 수상작품집」 발간을 진심으로 축하드리며, 함께 하신 모든 분들의 가정에 건강과 행복이 늘 함께 하시길 기원합니다.

감사합니다.

2019. 1

축사

장 종 태
대전광역시 서구청장

사람중심도시, 함께 행복한 서구!

안녕하십니까? 대전광역시 서구청장 장종태입니다.

'제1회 광수문학상 공모전'이 많은 분들의 관심 속에 성황리 개최되고 이렇게 작품집이 나오게 된 것을 매우 뜻 깊게 생각합니다. 50만 서구민과 함께 축하드립니다.

내 고장 대전을 아끼는 마음으로 '대전의 이야기'를 주제로 좋은 작품을 출품해 주신 수상자 여러분께 아낌없는 찬사를 보냅니다.

글이란 사람의 마음에서 나온다고 합니다. 글을 통해 그 마음을 전하고, 마음과 마음이 모여 세상을 바꾸는 큰 힘이 될 것입니다.

축사

　이번 작품집 발간을 통해 우리 지역의 문화적 역량을 널리 알림과 동시에 바쁜 도시민에게 따뜻한 마음의 풍요와 감동이 전해질 것으로 기대됩니다. 아울러, 부처님의 말씀을 바탕으로 지역사회에 사랑과 자비를 베푸시고 지역 문화 예술 발전에도 기여하고 계시는 대한불교천태종 광수사 무원 주지스님의 노고에 깊이 감사드립니다.

　2019년 한해가 새롭게 밝아오고 있습니다.
　모든 분들의 가정에 건강과 행복이 가득하길 기원합니다.
　감사합니다.

2019. 1

격려사

손 혁 건
(사)대전문인협회 회장

2019년 기해년은 대전광역시가 시로 승격된 지 70주년이 되며 광역시 승격 30주년이 되는 해입니다. 또한 대전 방문의 해이기도 합니다.
또 3·1운동 100주년이 되는 해이기도 합니다.

이런 뜻깊은 해를 기념하기 위해 대전의 명소 계룡산 자락의 수통골에 위치한 광수사가 과학의 도시 예향의 도시 대전을 아끼고 사랑하는 마음으로 문화예술 발전에 기여하고자 전국의 초·중·고·대학·일반을 대상으로 '대전 이야기' 주제의 문학상 공모전을 시행하였습니다.

평소 애국불교 생활불교 대중불교의 3대 지표를 실행하고 있는 대한불교천태종의 큰 사찰인 광수사와 무원 주지 스님께서 문학의 발전과 저변 확대에 가져주신 관심과 배려가 만들어 낸 또 하나의 훌륭한 문화예술 행사가 탄생했다고 해도 과언이 아닐만큼 이번 공모전의 작품 수준은 높았습니다.

격려사

  또한 전국의 많은 지역에서 아마추어 작가들과 학생들이 고르게 참여하여 제1회 대회임에도 불구하고 대학·일반부의 경우는 작품의 수준이나 응모 작품의 수가 많아 매우 고무적이었다는 평가를 들었습니다.

  소설 『정글 북』을 썼던 영국의 작가이자 시인인 키플링(Rudyard Kipling 1865~1936)이 '나는 여섯 명의 충실한 하인을 고용하고 있다. 그것은 누가(Who), 언제(When), 어디서(Where), 무엇을(What), 왜(Why), 어떻게(How)이다.' 라고 말한 것처럼 문학을 하는 우리는 어떤 현상에 대해 스스로가 다양한 호기심과 시선으로 관찰하고 기록하고 분석하는 것을 게을리해서는 안될 것입니다. 그리고 꾸준히 도전해야 할 것입니다. 그런 의미에서 오늘 여러분들의 광수문학상 도전에도 큰 박수와 응원을 보냅니다.

  무엇보다 제1회 광수문학상 대상을 비롯하여 대전광역시장상 등의 특별상 수상자 여러분께는 진심 어린 축하를 드리며 탈락하신 분들께도 아낌없는 격려의 박수를 보내드립니다.

  실망하지 마시고 내년에도 더욱더 좋은 작품으로 재도전해보시기를 권해 봅니다.

2019. 1

제1회 ― 광수문학상 ― 작품 심사평

    대한불교 태고종 광수사가 사회문화예술 발전에 기여하고자 넓은 뜻을 가지고 제1회「광수 문학상」을 공모하였다. 이번 문학상의 주제는 '2018 대전방문의 해'를 기념하기 위한 '대전의 이야기'이며, 이를 토대로 창작한 작품(시, 산문)을 주제로 공모하였다. 한 종교단체가 문학상을 제정한다는 것이 이슈가 되었지만 진행과정이 힘들었을 것이라 느껴진다. 처음 광고를 하고 작품을 접수하는데 (접수기간 11월12일~ 12월 2일까지) 짧은 기간이었음에도 불구하고 전국 각지에서 200여 편의 작품이 접수되었다. 심사 의뢰를 받은 대전문인협회는 심사위원회를 구성하고 심사에 들어갔다. 우선 작품을 초등부, 중·고등부, 대학·일반부로 분류하면서 세 가지에 놀랐다. 첫 번째는 짧은 기간에도 불구하고 접수된 많은 작품 수에 놀라고, 두 번째는 대전시민이 많이 응모했을 줄 알았는데 전국 각지에서 골고루 참여하였으며 학생들 보다 대학·일반부 응모자가 많았다는 점에 놀랐다. 세 번째 놀란 것은 대학·일반부의 응모작품 수준이 너무나 높아서 우열을 가리는데 신중에 신중을 기하지 않을 수 없었다. 다만 이번 주제가 '대전의 이야기'이기 때문에 대전을 잘 알고 적절한 배경을 설정하여 이야기를 엮어내는 데는 다소 차이가 있어서 심사에 참고하지 않을 수 없었다. 이런 점을 고려하면서 고심 끝에 대상작으로「유등에서 대평원을 부르다」는 시를 선정하게 되었다. 대전은 대전천, 유등천, 갑천이라는 세 줄기의 하천이 유유히 흐르며 드넓은 한밭을 적셔주는 도시이다. 그 중 유등은 바로 '버드내'로 알려진 하천이다. 여기서 대 평원을 부르는 상상을 키우고 극적 묘사로 함축시키면서 자연스레 시를 창작해 낸 것은 놀라운 발상이었다.

특히 소설, 수필, 기행문 등 훌륭한 산문이 많았는데 일부 작품을 제외하고는 주제를 잘 살려내는데 미흡함이 있어 아깝게 느껴지는 작품들도 여럿 있었다. 중·고등부 학생작품들도 문학성이 뛰어난 작품들이 많이 눈에 띄었고, 대전에 대한 애정 어린 이야기를 잘 형상화한 작품들이 상당수 있었다. 그러나 많은 작품들이 주제에 부합하지 못하였음은 아마도 공모기간이 너무 짧았기 때문이었을 것으로 사료되었다. 그리고 어떤 학교에서는 교내에서 실시한 독서 감상문 쓰기에 모아진 작품을 그대로 보냈는데 그 가운데는 매우 잘 쓴 감상문이 발견되기도 하였으나 주제와 거리가 멀어 부득이 입상권에 포함시키지 못했다는 점은 안타까운 심정이어서 여기에 밝힌다.

한편 초등학교부 어린이 작품들은 그 수가 많지 않았다. 그러나 접수된 작품들은 수준이 대단히 높고 깜찍한 눈으로 관찰하고 느낀 바를 우수한 글 솜씨로 엮어내어 읽는 심사위원들의 마음을 밝게 해 주었다. 총체적으로 이만하면 처음 실시하는 작품공모로는 놀라운 성과라고 여겨지며 매년 공모전을 이어간다면 자랑스러운

제1회 — 광수문학상 — 작품 심사평

공모전으로 발전할 것이라는 희망을 가지기에 충분하였다. 종교의 이념을 떠나서 한국의 문학 꿈나무를 키워가고, 또 역량 있는 신인을 발굴하여 등용시키는 권위 있는 등용문으로 발전할 수도 있으리라는 기대또한 가져본다. 작품 심사에 임하면서 다양한 문학 작품을 읽고 느낀 것은 한 종교집단이 종교적 목적을 위해서가 아니라 민족문화의 융성을 도모하기 위해 앞장서 봉사하는 모습으로 대두되어 참으로 찬양받을만한 일이 될 수 있음을 실감하였다. 앞으로 2회, 3회로 이어질 「광수 문학상」이 대전은 물론 전국적인 국민의 문학상으로 크게 발전할 수 있기를 소망하면서 심사위원들은 오히려 신선한 글 잔치에 참여했다는 또 다른 기쁨을 만끽했다.

제1회 광수문학상 심사위원회
위원장 손혁건
위　원 박헌오(심사평)
　　　　　권득용, 김영희, 노금선, 원준연, 이돈주

발간사	대한불교천태종 광수사 주지 무원	4
축사	대전광역시장 허태정	6
	대전광역시의회 의장 김종천	8
	대전광역시 교육감 설동호	10
	대전광역시 유성구청장 정용래	12
	대전광역시 서구청장 장종태	14
격려사	(사)대전문인협회장 손혁건	16
심사평	광수문학상 심사위원회	18

대상

여진수 대전광역시 서구 도안동로
유등에서 대평원을 부르다　　27
수상소감　　29

특별상

대전시장상	**김완수** 전북 전주시 덕진구 백동	
	아줌마도 야구한다	33
대전시의회장상	**지월성** 세종특별자치시 보듬2로	
	저녁눈	55
대전교육감상	**김남효** 대전 문정중학교 1학년	
	대전의 으뜸 산이자 삶의 쉼터인 계족산	64
	김지수 대전 전민초등학교 5학년	
	대전 예술의 전당은 마음이 부자가 되는 곳	66

목차 21

목차

대전유성구청장상	**윤완식** 대전 보문고등학교 1학년 한 번 넘어 보시겠습니까?	69
대전서구청장상	**김도영** 대전 문정중학교 2학년 산길 가는 나그네	72
대전문인협회장상	**이우식** 충북 제천시 하소동 대전시 동구 용신 대장간	74
	김시연 대전 문정중학교 1학년 대전중앙시장	77
	박시연 대전 반석초등학교 5학년 아이들의 세계, 오월드	79

대학 · 일반부

금 상	**김종민** 연세대학교(이과대학 물리학과) 의대에 가라	85
은 상	**김정태** 광주광역시 북구 용주로 뿌리공원	94
	이생문 경기도 화성시 영통로 대전역 가락국수	96
	조요섭 부산광역시 남구 수영로 삭(削)	98
동 상	**김대연** 경희대학교 달밤	100
	김태현 강원대학교(국어국문학과 휴학) 아저씨, 누군가의 아버지	102

22 제1회 광수문학상 수상작품집

동 상	**박상준** 전남대학교	
	소실점	104
	박정미 충북 괴산군 청안면 금신리 질마로사직골	
	기도하는 어머니	106
	서희정 광주광역시 서구 죽봉대로	
	대전 孝문화뿌리축제	108
	양수영 대전광역시 서구 도마동	
	대전에서 만난 선생님과 친구들	109

중·고등부

금 상	**김민주** 안양여자고등학교	
	너에게로	117
은 상	**전대산** 마리아회고등학교 3학년	
	다시 만나는 계족산성	119
	전대진 덕인고등학교 1학년	
	종치기와 함께하는 대전	122
	조태환 대전 문정중학교 1학년	
	우성이산	125
동 상	**김소희** 대전맹학교 고등학교과정 3학년	
	계단과 나	127
	박성준 안성중학교 1학년	
	대전의 꽃, 백목련	134

목차

동 상

오영훈 충북고등학교 2학년
전망대 ... 136

이재영 대전 보문고등학교 1학년
참회(慙悔) ... 137

이지수 대전 대신고등학교 2학년
월평동 ... 141

정진학 대전 문정중학교 1학년
어린 시절부터 지금까지 추억을 쌓아온 둔산동 ... 142

초등부

금 상

안규현 한밭초등학교 4학년
자전거 역사를 쓴 곳, 엑스포 시민광장 ... 147

은 상

김나윤 대전 삼천초등학교 5학년
할아버지와의 추억이 담긴 한밭수목원 ... 149

박세현 대전 계산초등학교 5학년
자랑스러운 우리 동네, 수통골 ... 152

정세욱 대전 용산초등학교 5학년
대전의 국립 중앙과학관 ... 154

동 상

손겸유 대전 반석초등학교 5학년
유림공원으로 놀러오세요 ... 156

이윤경 인천 장서초등학교 3학년
또 한 번의 대전 여행을 시작하며 ... 158

대상

제1회 광수문학상

제1회 광수문학상 수상작품집

유등에서 대평원을 부르다

여진수
대전광역시 서구 도안동로

경사가 날거라는 소문이 돌다
물길 따라가니 삼천교였다
버들이 손짓하는 초대의 문장으로
강변에 모락모락 생기가 모인다
천사만사 미소 짓는
버들은 천상 버들아씨다

저들은 분명 귀골임이 분명한데
그럼에도 불구하고 버들은 늘 정중하다
가지 세운 나무들 위로 향할 때
초연히 잎사귀 적셔
발목까지 기울이는 저런, 버들은
뿌리를 물속에 두었나보다

바람이 든다 물살이 풀리는 소리

나는 물의 신 하백의 딸이었지
원추리, 갈대보다 아름답던 나는
그러나 그들만큼 엽렵하지 못하여
그만 사랑을 하고, 그만 뭍사람이 되었어
덕스런 자태 급치 호위 받던 시절
나의 부리는 뾰족한 잎사귀였고
휜 가지로 시위를 당기던 나는
알을 품고서도 대평원을 키웠지

너른 들로 한바탕 바람이 돈다
빛줄기에 궐(闕)이 열렸나
소매를 가다듬고 짙은 새잎 두르니
낭창한 휘추리도 살을 채운다

큰 땅의 가운데로 무대가 선다
좌우로, 건너편에 풍성하게
거느린 풍모
사랑이 모여들어 뭍을 덮으니
물 닿은 평원은 버드내였다
소문난 잔치 한밭에서 일어
우발수로 섬진까지 명가의 대열이다.

새해 소문이 열렸습니다.
대전 방문이 열리는 중입니다.

   스무 살에 떠났다가 20년 만에 돌아와서 본 대전은 눈에 띄는 발전을 이루고 있었습니다. 무성한 건물들의 숲 사이로 흐르는 하천이 반가워 자주 찾게 되었고 냇둑을 따라 걷다 보면 대전이 행진을 하는 듯 물에 비친 모든 것이 즐거웠습니다.
   특히 삼천교를 오갈 때는 천변에 늘어선 버들의 모습으로 사계절 내내 설레었습니다. 연두색 스카프로 시작하여 망사 파라솔을 펼쳐드는 청춘을 거쳐 성숙해진 버들은 갈대와 함께 황갈색으로 탈색됩니다. 눈을 맞고 땅을 덮는 과정까지 몇 개의 계절이 천변에서 교차 되곤 합니다. 물가에서 문명의 발상이 가능했던 것처럼, 버들은 물에서 생기를 길어내어 주변을 육성하고 다시 채우고 하는 무리의 삶에 열중하고 있는 것이라 생각되었습니다. 나의 마음에 자리한 시심도 버들의 몸짓을 통해 자라고 있었나 봅니다.

아무렇지 않게 해가 바뀌는가 싶었는데 뜻밖의 소식에 세밑이 설렙니다.

저의 글에 길을 열어주신 대전 문인협회와 광수사와 모든 관계되시는 분들께 감사하면서 문학의 역할이 대전의 발전에 힘이 될 수 있기를 빌겠습니다.

새해에는 대전이 좁을 만큼 많은 발길이 드나들 것이라 기대됩니다. 소문난 잔치는 소문보다 풍성할 것입니다. 물길이 만나 큰물을 이루듯이 사람들이 모여드는 큰 땅 대전이 되길 소망합니다.

제1회 광수문학상 특별상

제1회 광수문학상 수상작품집

아줌마도 야구한다

김완수
전북 전주시 덕진구 백동

　희영은 아들 창식이 자신의 야구 장비를 주섬주섬 챙기는 걸 멀찍이서 묵묵히 지켜보기만 했다. 창식은 대전 중구 리틀 야구단 선수반 소속의 선수였다. 창식은 한화 이글스와 류현진 선수의 열혈 팬이기도 했다. 야구 장비에 눈길이 머무르던 희영은 아들의 전국 대회 직전 마지막 훈련 시간이 임박한 걸 깨닫고서 아들을 채근했다.
　"또 늦겠다. 어서 서둘러야지. 그렇잖아도 네가 자주 지각한다고 감독님께서 걱정하시던데, 너 그러다 찍혀서 주전 자리에서 밀려나면 어쩔 거야?"
　그러나 아들은 대수롭지 않다는 듯 희영의 말을 한 귀로 흘려들으며 장비를 다 챙기더니 먼저 집 밖으로 휭 나가 버렸다. 희영은 그런 아들의 뒷모습을 야속하다는 듯 바라보다 바삐 따라나섰다. 희영과 아들 관계는 아들이 초등학교 졸업반이 돼 사춘기에 접어들고, 어느덧 야구단에서 주전 자리를 꿰차 야구부가 있는 중학교

진학이 확정된 최근에 들어와 급랭해졌다. 희영은 처음에 '요즘 애들은 감정의 기복이 심하다는데, 지나가는 태풍처럼 곧 잠잠해지겠지.' 하는 안이한 생각으로 자신에 대한 아들의 무시와 냉대를 자연스럽게 받아들였다. 그러나 아들과의 관계가 점점 냉랭해지는 것 같자 희영은 그 원인을 야구 안에서 찾기 시작했다. 언젠가 아들이 야구로 꼭 성공해 부모님을 호강시켜 드리겠다는 의젓한 말을 했던 것을 떠올릴 때마다 미소가 머금어졌던 희영은 야구 얘기라면 아들이 흔쾌히 대화에 응해 줄 것이라 생각하고 어느 날 단단히 먹은 마음으로 아들 방에서 아들과 진지한 대화를 시도한 적도 있었다.

"네가 요즘 공부하며 밤늦게까지 훈련하랴, 주전 경쟁에 신경 쓰랴 스트레스가 많겠다. 엄마도 다 알아. 근데 요즘 무슨 말 못 할 고민이 있니?"

희영이 조심스럽게 야구를 화제로 꺼내며 아들과 눈을 맞추려 했지만, 아들은 좀처럼 입을 열 생각을 하지 않았다. 그래서 희영은 아들의 머리를 쓰다듬어 보려 팔을 뻗었으나 아들의 반응은 냉담하다 못 해 신경질적이기까지 했다. 아들은 고개를 뒤로 젖히며 잔뜩 얼굴만 찌푸렸다. 당황한 희영은 어쩔 줄 몰라하다 다시 조곤조곤 타이르기 시작했다.

"네가 무슨 고민이 있는지 알아야 엄마가 도와줄 거 아냐? 말해 봐. 감독님께서 뭐라고 하시던? 엄마가 감독님을 한 번 만나 봐?"

"내가 애도 아닌데, 엄마는 왜 그래? 엄마는 아무것도 모르면서!"

아들이 기껏 내뱉은 말이 완강한 대화 거부를 뜻하는 것에 얼굴이 달아오른 희영은 더 이상 대화가 안 되겠다 싶어 조용히 아들 방에서 물러 나왔다. 희영이 며칠 전의 충격에서 간신히 헤어 나와 다시 현실로 눈을 뜰 때쯤 아들은 먼저 차 뒷자리에 올라타 고개를 푹 숙인 채 휴대 전화로 게임을 즐기고 있었다. 희영은 자신이 아들의 휴대 전화보다도 못하다는 생각에 자괴감을 느꼈다. 희영은 어떤 일이 있어도 조만간 남편과 꼭 대화를 나눠 보리라 작정하고 심호흡을 했다. 희영은 운전석에 앉아 시동을 걸고서 한밭야구장으로 향했다. 가는 동안 희영은 잠깐잠깐 룸 미러로 뒷자리를 흘깃거렸다. 그러나 아들은 야구장 앞에 이를 때까지 엄마 쪽은 끝내 한 번도 쳐다보지 않았다. 희영은 하고 싶은 말이 목구멍까지 차올라 내내 입술만 뗐다 붙였다를 하염없이 반복하다 결국 차가 주차장에 다다르자 발화의 욕구도 눈 녹듯 사그라지는 것을 느꼈다.

희영은 아들이 내일 벌어질 박찬호배 전국 리틀 야구 대회 결승전을 앞두고 맹훈련을 하느라 귀가 시간이 늦는 틈을 이용해 마침 집에 일찍 퇴근해 쉬고 있던 남편에게 말을 건넸다. 아들의 소속 팀은 대회에서 승승장구해 모처럼 결승까지 올라와 있었다. 그러나 희영에게만은 그리 달갑지만도 않은 일이었다.
"당신 요즘 창식이하고 대화해 봤어요? 암만해도 창식이가 사춘기인 것 같던데…."
희영이 남편 눈치를 살피며 넌지시 말을 꺼내자 소파에 앉아 멀거니 텔레비전만 보고 있던 남편이 귀찮다는 듯이 희영을 한 번 흘깃 돌아보았다.
"당신도 참, 그걸 나한테 물어보면 어떡해? 요즘 애들은 아빠보다 엄마를 따른다는 거 당신이 더 잘 알잖아!"

희영은 남편이 자신의 속도 모르고 심드렁하게 반응하자 화가 났다.

"딸이라면 모를까 창식이가 사내아인데, 당신이 시간 날 때 대화 좀 해보면 안 돼요? 당신이 죽고 못 사는 야구 얘기도 하면 좀 좋잖아요?"

순간 남편 얼굴이 굳어졌다. 그리고 남편에게서 언뜻 당황하는 기색도 스쳐 지나갔다.

"아, 아무리 당신이 야구에 문외한이어도 그렇지 창식이하고 그렇게 붙어 다녔으면 당신도 야구 규칙 정도는 통달했을 거 아냐?"

남편이 나무라듯 희영에게 핀잔을 주었다. 희영은 말문이 막혔다. 그리고 이 모든 상황의 발단은 결국 자신이 야구를 잘 모르는데 있다고 판단한 희영은 자기도 모르게 마음에도 없는 장담을 하고야 말았다.

"나도 야구 할 거란 말이에요!"

희영의 말을 들은 남편 눈이 동그래졌다.

"뭐? 당신이 야구를 한다고?"

남편은 콧방귀를 뀌고는 어이없다는 표정으로 희영의 얼굴을 빤히 쳐다보았다. 그 표정엔 희영이 친 큰소리의 진의를 파악하려는 의도도 역력했다.

"아, 결승전이 바로 내일이잖아! 앞으로 창식이 뒷바라지하는 데도 시간이 모자랄 텐데, 지금 그런 농담이 나와?"

희영은 처음 자신이 왜 그런 얘기를 했는지 후회되기도 했지만, 남편이 약을 바짝 올리며 자신을 무시하자 오히려 오기가 발동하기 시작했다.

"나라고 왜 못 해요? 동네 꼬마 애들도 야구를 하는데. 그리고 내일 경기가 끝난 뒤부터 주말에만 하면 될 거 아니에요!"

하지만 남편은 여전히 실실 웃으면서 이죽거리기만 했다.

"여보세요, 아줌마! 남자도 하기 힘든 야구를 무슨 여자가 한다고 그래? 당신, 더블 스틸이 뭔지나 알아?"

희영은 큰소리부터 쳤으나 실상 야구 규칙에 대해 아는 거라곤 홈런과 세이프, 그리고 아웃이 전부였다. 희영은 사전적 의미로 명쾌하게 대답해 남편 코를 납작 눌러 주고 싶었지만, 입 안에선 고작 '훔치는 것'이라는 한마디만 맴돌 뿐이었다. 희영은 입 안에 뭐가 든 사람처럼 움질거리다 작은 목소리로 화제를 돌려 남편에게 반격했다.

"그런 당신은 살림에 대해 잘 알아요? 그리고 뭐든지 직접 몸으로 부딪쳐 보는 것이 중요하지 이론만 훤한 게 뭐 그리 자랑이람."

남편은 희영의 작심한 말에 심기가 불편해 얼굴이 상기됐다.

"아줌마! 아줌마가 하는 게 바로 언행불일치에요. 말은 참 쉽네. 나도 대통령 선거에 한 번 출마해 볼까? 당신이 한 번 해 봐. 여자가 할만한 운동인가. 아마 십 분도 못 버티고 '아이고, 삭신이 쑤셔서 서 있기도 힘드네.' 하고 두 손 두 발 다 들걸? 아니지. 공만 가까이 와도 무서워서 '엄마야!' 하고 꽁무니를 뺄 거야."

희영은 남편의 빈정거리는 말에 기분이 상했다. 생각 같아서는 나 몰라라 하고 저녁밥을 짓는 것도 거부하고 싶었다. 그리고 아무리 처음엔 남편의 무시에 대한 반감에서 야구를 하겠다는 말을 불쑥 내뱉은 것이었지만, 이젠 전장에 나가는 장수의 비장함처럼 꼭 야구를 하고 말겠다는 목적의식까지 생겼다.
"당신은 지금 시대가 어떤 시댄데, 아직도 그런 구태의연한 말을 해요? 여자 대통령도 흔한 시댄데. 내가 야구 한다고 가족들에게 피해는 안 줄테니까 걱정하지 말아요!"
희영이 딱 부러지게 말하자 남편이 심각한 얼굴로 텔레비전을 끄고는 다시 희영을 빤히 쳐다보았다.
"당신, 정말 야구를 하고 싶어서 그러는 거야? 당신이 뭘 하든 상관 않겠는데 말야. 대신 창식이가 야구하는데 조금이라도 지장이 생기면 그땐 당신이 모든 걸 책임져야 해!"
남편이 엄포를 놓았지만, 아까보단 태도가 한결 누그러진 것 같자 희영은 남편에 대한 자신의 반감도 사그라지는 걸 느꼈다. 그러나 차츰 창식의 뒷바라지와 야구를 병행하는 것에 대한 막연한 두려움이 엄습해 겁이 덜컥 나는 것은 숨길 수 없었다. 그때 마침 창식이 귀가했다. 창식의 얼굴엔 피로감과 긴장감이 덕지덕지 붙어 있었다. 창식은 인사도 하는 둥 마는 둥 하고 제 방으로 쏙 들어갔다.
"아니 쟤가? 밥은 먹었어?"
"내버려 둬. 밖에서 먹고 왔겠지."
희영이 자리에서 일어나 창식의 방으로 가려고 하자 남편이 말렸다.
"당신이 항상 오냐오냐하니까 애가 갈수록 되바라지잖아요."
"어허, 거참, 창식이가 자기 일 어련히 잘 알아서 하려고. 아무튼 당신, 야구 하는 것도 좋지만, 애가 행여라도 부상당하면 큰일이니까 건강에도 신경 좀 써 줘."
남편이 희영에게 핀잔을 주고는 얘기 다 끝났다는 듯 다시 텔레비전을 켰다. 희영은 그제야 밥을 안치러 주방으로 향했다. 희영은 주방으로 가는 마음이 편치 않았다. 자신도 이해할 수 없을 만큼 머리엔 온통 야구 생각뿐이었다. 희영은 마치 가슴에 단단하고 묵직한 야구공 수십 개를 한꺼번에 떠안은 듯한 기분으로 쌀을 씻었다.

관중들과 학부모들이 자리한 가운데 한밭야구장에선 드디어 대회 결승전 시작이 임박하고 있었다. 창식의 소속 팀이 전 대회 우승 팀과 일전을 치러서인지 창식은 오늘 아침부터 잔뜩 긴장해 있었다. 희영은 자신이 창식에게 그 어떤 격려의 말을 해 준다 해도 창식의 귀에 들리지 않으리라는 걸 알고 있었기에 창식에게 별다른 얘기를 건네지 않았다. 감독은 애초 대회 전부터 자신의 팀이 좋은 성적을 거둘 것이라고 자신하고 있었다. 선수들의 기량이 이제 한껏 물이 올랐다는 이유에서였다. 다만 창식이 팀의 4번 타자이자 에이스로서 제 몫을 해 줘야 한다는 전제 조건이 있었다. 희영은 창식에게서 그 말을 전해 듣고 마치 자신이 경기에 출전하는 것처럼 부담됐다. 그래서 창식을 볼 때마다 마냥 안쓰럽기만 했다. 희영은 자신과 창식에게 적잖은 부담을 준 감독이 야속하기도 했지만, 그 부담은 팀의 주전 선수가 감당해야 할 짐이고, 어차피 야구 선수로서 대성할 거라면 이런 긴장감은 선수나 그 부모나 수없이 거쳐야 할 통과의례 가운데 하나라 생각하니 마음이 다소 가벼워졌다.

"어머, 창식이 어머님 아니세요? 벌써 와 계셨네요?"

희영이 경기장 3루 쪽 스탠드에 홀로 앉아 막 선수들 간의 인사를 나누고 있는 창식을 멀거니 바라보고 있을 때, 누군가 희영에게 아는체를 했다. 희영이 돌아보니 팀의 주축 투수 가운데 한 명이자 3번 타순을 맡고 있는 경태의 엄마가 방싯거리며 서 있었다. 그리 반갑지 않은 사람이었지만, 희영은 싫은 내색 하지 않고 애써 웃음으로 화답해 주었다. 경태 엄마가 동의도 구하지 않고 희영의 옆자리에 앉았다.

"왜 따로 떨어져 계세요? 그래도 창식이는 우리 팀의 기둥인데, 저기서 함께 응원하시지."

경태 엄마가 스탠드 한쪽을 가리키며 말했다. 경태 엄마가 가리키는 쪽에선 창식이 소속 팀의 학부모들이 한 무리를 이뤄 모여 앉은 채 갖가지 소형 플래카드들을 들고서 이미 열띤 응원을 펼치고 있었다. 희영은 아무런 대꾸 없이 어색한 웃음만 지어 보였다. 어느새 경기장에선 창식의 소속 팀 선공으로 경기가 막 시작되고 있었다.

"창식이는 오늘 컨디션 좋지요? 4번 타자고 선발 투순데, 창식이 어머님은 든든한 아들을 둬서 참 좋으시겠어요. 체격도 좋으니 앞으로 쑥쑥만 커 준다면 장래 김태균 같은 선수, 아니 메이저 리거는 따 놓은 당상 아니겠어요?"

경태 엄마의 과도한 칭찬에 희영은 몸 둘 바를 몰랐다. 희영도 의무감으로 경태에 대한 칭찬을 잊지 않았다.

"경태는 센스가 있잖아요. 달리기도 잘하고. 감독님도 경태가 제2의 이용규로 자랄 거라고 칭찬하시던걸요?"

"어머, 정말요? 근데 창식이 어머님은 감독님과 자주 얘기 나누시나 봐요?"

샘이 난 듯도 하고, 빈정거리는 것 같기도 한 경태 엄마의 말투에 희영은 기분이 상해 눈길을 그라운드 쪽에 두었다. 때마침 경태가 타석에 막 들어서고 있었다.

"경태, 파이팅!"

경태 엄마의 갑작스럽고 호들갑스러운 응원에 놀라 희영은 움찔했다. 그런데 경태는 기대를 저버리고 초구를 건드려 허무하게 3루 땅볼로 아웃 되고 말았다. 순간 경태 엄마의 얼굴이 일그러졌다. 공수가 교대될 때쯤 경태 엄마가 표정 관리를 하며 희영에게 다시 말을 건넸다.

"상대 타선이 무척 강하다는데, 창식이 어깨가 무겁겠어요."

"그래도 뒤에 경태가 떡 버티고 있으니까 든든하잖아요."

희영은 더그아웃에서 마운드 쪽으로 걸어 나가는 창식에게서 눈을 떼지 않은 채 건성으로 대답했다. 어깨를 당당히 펴고 나오는 아들을 보고서 희영은 안도감을 느꼈다. 창식이 몸을 풀며 연습 투구를 했다.

"참, 창식이는 중학교가 배정됐지요? 야구 잘하는 데로 가서 부러워요. 우리 경태랑 창식이가 같은 중학교에서 뛰면 더 좋았을 텐데요."

경태는 창식이 진학할 중학교의 야구 라이벌 학교로 배정받았다. 상대 팀의 공격이 시작돼 창식이 공 하나하나마다 혼신의 힘을 다해 역투하고 있는데, 경태 엄마가 자꾸 말을 걸어 희영은 점점 경태 엄마의 존재가 귀찮아졌다. 그러나 경태 엄마는 재력가의 아내로서 팀에 재정적 후원을 해 주고 있는 학부모 회장 자리를 맡고 있던 터라 희영은 차마 싫은 내색을 할 수 없었다.

"다른 팀에서 선의의 경쟁을 하는 것도 서로에게 좋을 거예요.

나중에 고등학교나 프로 팀에서 만날 수 있지 않겠어요?"

희영의 말에 경태 엄마가 흡족한 얼굴로 고개를 끄덕였다. 창식의 투구 컨디션은 생각보다 좋아 보였다. 어느 틈에 창식은 세 타자를 간단히 처리하고 있었다. 이제 곧 있으면 창식이 첫 타석에 들어설 차례였다.

"오늘 우승하면 제가 크게 한턱 낼 테니까 창식이 어머님도 꼭 참석하셔야 해요?"

경태 엄마가 우승을 당연시하듯 말하자 희영은 너무 일찍 샴페인을 터뜨리는 건 아닌지 염려됐다. 드디어 창식이 타석에 들어서 투수를 매서운 눈으로 노려보며 힘차게 스윙 연습을 했다. 희영은 창식이 뭔가 큰 걸 하나 터뜨려 줄 것 같았다. 희영은 자기도 모르게 두 손을 무릎 위에 가지런히 모았다. 창식은 상대 투수와 제법 끈질긴 승부를 이어 갔다. 희영은 속이 타 들어가 차마 승부를 지켜볼 수 없었다. 그런데 곧 아쉽게도 창식의 배트가 허공을 갈라 창식은 삼진을 당하고 말았다. 희영은 맥이 풀려 다리의 힘까지 쭉 풀리는 기분을 느꼈다. 사실 창식은 투수보단 타자로서 더 재질을 갖고 있었다. 감독도 평소 희영과 통화하거나 만날 기회가 있을 때마다 입버릇처럼 창식이 타자로서 더 대성할 가능성이 있으니 차후엔 타격에 집중하는 편이 나을 것 같다는 말을 했다. 창식이 자신 역시 투수보단 타자 쪽에 더 흥미를 갖고 있었다. 그래서 희영도 아들이 타석에 들어설 때면 더 바짝 긴장했다. 희영은 오늘 창식의 얼굴이 유난히 굳어 있었던 것도 결승전을 갖는 심적 압박감보다도 자신의 타격 컨디션이 그리 좋지 않다는 걸 스스로 알고 있었기 때문이리라 짐작했다. 희영이 보기에도 오늘 경기는 팽팽한 투수전이 될 것 같은 예감이 들었다. 경태 엄마는 그런 희영의 복잡한 심경을 알아채기라도 한 것처럼 희영에게 더 부담을 안겼다.

"오늘은 암만해도 손에 땀을 쥐게 하는 경기가 될 것 같아요. 아유, 저는 정말 이런 경기는 가슴 떨려서 못 보겠더라고요. 아무튼 창식이가 잘던져 줘야 할 텐데…."

그런데 희영이 별 말을 안 하자 경태 엄마는 희영의 얼굴을 슬쩍 보다 화제를 돌렸다.

"근데 혹시 창식이 어머님은 야구 규칙에 대해 많이 아세요? 전 집에서 바깥양반과 함께 야구를 보다 잘 이해가 안 되면 가끔 물어보곤 하는데, 바깥양반이 저 보고 무식하다고 어찌나 구박을 하던지 어떤 때는 창피해서 쥐구멍을 찾고 싶더라니까요. 차라리 학창 시절로 돌아가 수학 문제를 푸는 게 낫지…."

희영은 경태 엄마의 고백을 듣고 남의 일이 아닌 것 같아 웃음을 터뜨릴 뻔했다. 희영은 경태 엄마에게서 조금이나마 동질감을 느꼈다.

"사실 저도 그래요. 그때마다 제 스스로가 한심한 것 같아 프로야구를 직접 보러 야구장에 자주 가거나 야구 관련 책을 사다 읽고 싶은데, 애 키우랴, 집안 살림 하랴 어디 시간이 나야지 말이죠. 그런 것도 몰라주고 남편은 괄시만 하지, 애는 애대로…."

희영은 순간 주책없이 자신의 사생활을 다 까발리는 건 아닌지 생각돼 말끝을 흐렸다. 두 사람 사이에 침묵이 흘렀다. 곧 희영이 먼저 그 침묵을 깨뜨렸다.

"저, 혹시 경태도…."

"그럼 창식이도 엄마 말이라면 무조건 거부하고 보지요?"

두 사람은 서로 약속이나 한 듯 아들들에 대한 고충을 털어놨다. 그리고 두 사람은 스스럼없이 동시에 깔깔거렸다. 두 사람은 어느새 아들들에 대한 집중력도 팽팽하게 전개되는 경기가 주는 긴장감도 잊고 있었다. 경기는 어느덧 동점인 상황인 채 종반전으로 치닫고 있었다. 그럼에도 두 사람은 점점 자신들의 집안일은 물론이고 남편에 대한 험담까지 늘어놓으며 공감대를 형성해 가고 있었다. 예전엔 자리에 엉덩이를 붙인 채 한 경기를 다 지켜보고 나면 좀이 쑤시기도 하고 진이 빠지기도 했는데, 지금은 호각지세의 결승전임에도 두 사람은 끄떡없이 느긋하게 허심탄회한 얘기를 나누며 경기를 관조하고 있었다. 경기는 이윽고 정규 이닝인 6회를 남겨 두고 있었다. 두 사람은 다시 경기에 몰입했다. 첫 타자로 나온 경태가 안타를 치고 나가 거침없이 2루까지 도루에 성공하자 잠잠하던 경기장 분위기는 일순간에 후끈 달아올랐다. 그리고 드디어 창식이 타석에 들어섰다.

"창식이, 파이팅!"

경태 엄마가 이번엔 선뜻 창식을 응원해 주었다. 희영은 마음이 뿌듯했다. 그런데 그때였다. 입을 굳게 다문 채 배트를 어깨에 걸치고 있던 창식이 보란 듯이 투수의 직구를 힘차게 노려 쳐 외야 깊숙이 뻗어 가는 장타를 날렸다. 순간 여기저기서 '와!' 하는 탄성이 쏟아져 나왔다. 타구는 쭉쭉 뻗어 결국 간이 펜스를 넘기는 홈런이 되었다. 그때까지 숨죽여 지켜보던 희영과 경태 엄마는 누가 먼저랄 것도 없이 서로 얼싸안고 뛸 듯이 기뻐했다. 희영은 발개진 얼굴로 두 눈에서 찔끔찔끔 눈물을 보였다. 창식이 내야를 돌아 홈을 밟고는 감독과 동료들의 환영을 받은 뒤에 관중석을 향해 멋진 세레모니를 펼칠 때, 희영은 '저 애가 내 아들이에요!' 하고 큰 소리로 자랑하고 싶었다. 그러나 아직 마지막 수비가 남아 있어 희영은 호들갑을 떨 수 없었다. 창식의 홈런 덕에 팀이 점수의 여유를 가진 채 마지막 수비에 들어갔다. 팀의 사기는 한껏 올라가 있었다. 그런데 중반에 한 차례 위기를 맞기는 했어도 지금껏 잘 던져 왔던 창식이 마운드에서 물러나고 구원 투수로 경태가 등판하고 있었다. 그러나 희영은 결코 서운하지 않았다. 오히려 경태 엄마가 그랬던 것처럼 아량을 가지고 먼저 경태를 응원해 주었다. 희영은 경태 엄마와 손을 맞잡고 승리의 순간을 기다렸다. 기대대로 경태가 아웃 카운트를 늘려 갔다. 경태의 어깨는 싱싱했다. 경태는 마침내 상대 팀의 마지막 타자를 멋지게 삼진으로 처리했다. 선수들이 너나없이 그라운드로 몰려들어 첫 우승의 감격을 누릴 때, 희영과 경태 엄마는 함께 자리에서 벌떡 일어나 서로 부둥켜안은 채 펄쩍펄쩍 뛰었다. 두 사람은 누가 보건 말건 왈칵 눈물을 쏟아 냈다. 희영은 야구가 이토록 재밌고 박진감 넘치는 경기인 줄 미처 몰랐다.

"오늘은 우승 기념 회식을 크게 가져야겠어요!"

경태 엄마는 여전히 흥분이 가시지 않은 얼굴로 이전의 약속을 각인시켜 주었다. 서서히 해가 기울 때쯤 두 사람은 각자 남편들에게 우승 소식을 알린 뒤 아들들을 만나러 함께 스탠드를 빠져나갔다.

"자, 오늘은 우리 어머니들이 한턱 낼 테니까 맘껏 먹으면서 우승의 기쁨을 누리도록 해요!"

선수들과 학부모들이 고깃집을 가득 채우고 앉아 막 불판에 얹어져 지글거리는 고기들을 흐뭇하게 바라보며 왁자지껄하고 있을 때, 희영과 나란히 앉아 있던 경태 엄마가 자리에서 일어나 싱글거리며 말했다. 창식은 한쪽에 경태와 나란히 앉아 친구들과 함께 무용담을 주고받느라 여념이 없었다.

"오늘 우리 선수들 모두 애썼고, 특히 감독님께서 그동안 수고가 많으셨어요. 우승도 했으니 우리 야구단은 대전의 자랑 아니겠어요? 그런 의미에서 우리 모두 각자 술이나 음료수를 들고 다 같이 승리의 건배를 외쳐보면 어떨까요? 아, 우리 감독님께서 선창해 주시면 더 의미가 있겠네요."

경태 엄마가 들뜬 얼굴로 맞은편의 감독을 바라보며 건배를 제의하자 감독이 흔쾌히 자리에서 일어났다.

"그동안 한결같이 성원해 주시고, 오늘도 다들 바쁘신 가운데 참석해 열렬히 응원해 주신 학부모님들께 진심으로 감사의 말씀을 드립니다. 자, 그럼 다 함께 건배를 외쳐 보겠습니다."

사람 좋게 너부데데하게 생긴 감독이 맥주가 든 종이컵을 들어 보였다.

"우리 리틀 야구단의 승승장구와 무궁한 발전을 위하여!"

"위하여!"

감독의 힘찬 선창에 맞춰 모든 참석자들이 종이컵을 높이 들며 한목소리로 화답한 뒤 종이컵을 비워 내려놓고서 박수갈채를 보냈다.

"오늘 모든 선수들이 다 잘해 줬지만, 특히 창식이와 경태가 없었으면 아찔할 뻔했습니다. 정말 제 애간장이 다 녹는 줄 알았어요."

감독이 여전히 승리에 도취된 얼굴로 체구에 안 맞게 엄살을 부리며 말했다. 창식이와 경태가 어깨를 으쓱거렸다. 그때 흐뭇하게 아들을 바라보고 있던 희영이 감독을 향해 조심스럽게 입을 열었다.

"저, 감독님께 한 가지 부탁을 드려도 될까요?"

"예, 그럼요. 오늘 같은 날 제가 뭔들 못 해 드리겠습니까?"

"저, 이제 대회도 다 끝나고 했는데, 제가 야구를 좀 배우고 싶어서….."

희영의 갑작스러운 말에 주위에서 웃음꽃을 피우며 얘기를 나누던 사람들이 놀란 눈으로 희영을 바라보았다. 쑥스러워 슬며시 입을 뗐던 희영은 주위의 눈길을 느끼고 얼굴이 볼그레해졌다. 감독은 두 눈을 동그랗게 뜬 채 희영의 얼굴을 빤히 쳐다보고만 있었다. 경태 엄마도 예외는 아니었다.

"아무래도 안 되겠죠?"

희영은 감독의 표정이 남편의 표정과 별반 다를 것 없다고 생각하고 어깨를 축 늘어뜨렸다. 그런데 감독의 반응은 희영의 예상과 달랐다.

"아, 아닙니다. 근데 설마 저한테 직접 야구를 배우고 싶다는 말씀은 아니죠?"

"맞아요."

희영의 목소리는 작았지만, 대답만큼은 확고했다. 감독은 벌어진 입을 다물지 못했다.

"저기, 창식이 어머님도 어느 정도 아시겠지만, 야구는 남자들한테도 여간 힘든 스포츠가 아닙니다. 부상의 위험이 크고요. 장비

자체를 다루는 것도 수월한 게 아니에요."

감독이 타이르듯 말했다.

"단지 순간의 호기심 때문에 쉽게 말씀드리는 건 절대 아니에요. 전부터 고민했는데, 이참에 한 번 여자도 야구를 할 수 있다는 걸 보여 주고 싶거든요. 어떤 각오도 돼 있어요."

희영은 조금도 굽힘이 없었다.

"요즘엔 여자 분들도 야구를 좋아하고, 또 남녀의 성역이 따로 있는 것도 아닙니다만, 그래도 어머님 혼자 배우시기엔…."

그런데 그때 잠자코 있던 경태 엄마가 불쑥 끼어들었다.

"창식이 어머님 혼자가 아니에요. 저도 한 번 배워 보고 싶어요. 이참에 우승 기념으로 아줌마 야구단을 만들어 보는 것도 괜찮을 것 같은데요?"

경태 엄마의 돌출 발언에 감독보다 희영이 더 깜짝 놀랐다. 감독이 난감한 표정을 지었다. 그러다 차츰 낯빛이 밝아지더니 얼굴에 웃음기를 머금었다.

"사실 여자들이 야구를 직접 즐기는 것은 저 역시 바라던 바입니다. 그럼 이렇게 해 보면 어떨까요?"

사람들의 이목이 이번엔 감독에게로 향했다.

"일단 이번 주말부터 두 분께 야구 기초에 대해 개인 지도를 해 드리고, 어느 정도 인원이 차면 야구단을 만들어 보는 걸로요. 아줌마, 아니 여자야구단 창설 문제는 제가 구청장님께 잘 말씀드려서 협조를 구해 보겠습니다."

순간 숨죽이며 감독 말을 듣고 있던 희영과 경태 엄마는 서로 마주 보며 환호성을 질렀다. 선수들도 저마다 자신들 일인 것처럼 환한 얼굴로 박수를 쳐 주었다.

"재정적인 문제는 제가 남편한테 잘 말해 볼게요. 이렇게 기쁜 날에 제가 어떻게 가만히 있을 수 있겠어요?"

경태 엄마가 야구단 창설에 힘을 실어 주는 말을 하자 분위기가 무르익었다. 회식은 밤늦도록 이어졌다. 희영은 설레는 가슴으로 갑절의 기쁨을 만끽했다.

"아이, 뒤로 물러나지 말고 눈을 크게 뜨고서 공을 맞혀 보세요. 번트를 댄다 생각하시고요."

집 부근에 있는 타격 연습장에서 창식이 겁을 잔뜩 집어먹은 채 타석에서 연방 헛방망이질을 하고 있는 희영에게 큰 소리로 외쳤다. 창식은 기꺼이 희영의 일일 코치를 자임하고서 늦은 저녁에 함께 연습장에 와 열과 성을 다해 희영의 타격 연습을 지도하고 있었다. 연습장에 있는 사람들은 물론이고 길을 가던 사람들까지 걸음을 멈춰 신기한 눈으로 희영을 바라보고 있었지만, 희영은 아랑곳하지 않고 초롱초롱한 눈으로 자신만의 연습에 몰두했다. 희영이 창식과 함께 집에서 나올 때, 남편은 희영에게 어김없이 농을 던졌다.

"창식이도 찬성한다니까 내가 특별히 당신한테 별말 안 하는 거야! 당신이 언제까지 버티는지 내가 지켜보겠는데, 암튼 너무 무리는 하지 마."

희영은 남편의 말을 웃음으로 넘겼지만, 내심으론 더욱 각오를 다졌다. 희영은 쉼 없이 동전을 넣고 연습을 반복할수록 차츰 공을 맞힐 수 있었다. 간간이 약하나마 앞으로 쭉 뻗어 나가는 타구도 있었다. 하지만 시간이 흐르자 희영은 힘이 빠져 스윙을 할 때마다 휘청거리며 숨을 거칠게 몰아쉬었다.

"엄마, 그러다 병나시겠어요."

창식이 엄마를 걱정하며 말했다. 희영은 이를 악물고서라도 밤새 할 수 있을 것 같았지만, 행여라도 몸살이 나면 내일 연습에 차질을 빚을 것 같다는 생각에 아쉬운 마음으로 배트를 내려놓았다. 그때 창식이 전화가 왔다며 갖고 있던 엄마의 휴대 전화를 희영에게 건넸다. 감독에게서 걸려 온 전화였다.

"창식이 어머님, 기쁜 소식이 있어 알려 드리려고 전화드렸습니다."

감독의 목소리는 들떠 있었다. 희영은 궁금한 마음에 휴대 전화를 귀에 바싹 댔다.

"제가 회식이 있고서 바로 저희 야구단 홈페이지에 여자 야구단 선수들을 모집한다는 공고문을 올렸는데, 저희 야구단에 대한 관심 때문인지 알음알음으로 문의가 오더니 오늘까지 십여 분이 야구를 하고 싶다고 게시판에 글을 남겨 주셨지 뭡니까? 내일 당장 첫 미팅을 갖고 연습을 할 수있을 것 같아요. 오늘 제가 전화상으로 그분들께 확답을 받고 안내를 드렸거든요. 근데 창식이 어머님은 맘이 안 변하신 거죠?"

희영은 순간 창식의 우승 못지않게 기뻐 제자리에서 펄쩍펄쩍 뛰었다. 창식은 그런 엄마 모습을 의아한 표정으로 바라보았다. 희영은 마음을 진정시켰다. 수화기 너머로 감독이 대답을 초조하게 기다리는 기색이 역력했다.

"그럼요. 오늘도 전 열심히 연습했는걸요. 앞으로 감독님 말씀 잘 들을게요."

전화를 끊은 희영의 얼굴에 보름달만 한 미소가 번졌다. 그제야 사정을 파악한 창식도 덩달아 웃었다.

화창한 가을날의 주말 오후를 맞아 간편한 옷차림을 한 십여 명의 여자들이 한밭야구장에 모였다. 미리 장비들을 챙겨 둔 감독은 흐뭇한 미소를 지으며 여자들 앞에 섰다. 희영은 벌써 가슴이 콩닥콩닥 뛰었다. 희영의 옆에 선 경태 엄마는 호기심과 긴장감이 뒤섞인 눈으로 장비들을 뚫어져라 바라보고 있었다.
"야외에서 야구 하기 참 좋은 날씨입니다. 그쵸?"
감독이 넉살 좋게 말하자 여자들이 저마다 까르르 웃음을 터뜨렸다.
"야구란 스포츠가 남자들만의 전유물이란 생각은 고정관념입니다. 사실 제 안사람도 평소 야구를 좋아해 오늘 이 자리에 꼭 오고 싶어 했는데, 지금 임신 중이라 제가 극구 말렸습니다."
감독이 머리를 긁적이며 말했다. 여자들이 박수를 치며 축하해 줬다.
"여기 모이신 분들 가운데 이미 안면이 있으신 분들도 계실 텐데, 제가 대충 이력을 쭉 살펴보니 연령도 직업도 참 다양하시더군요. 나이는 이십 대부터 사십 대까지고, 직업은 간호사, 회사원, 자영업 하시는 분들, 주부님들까지 계시더라고요. 그래도 야구에 대한 열정 하나로 모이신 분들이니 곧 의기투합하실 수 있을 거라 생각합니다. 야구와 한 번 진하게 사랑에 빠져 보셔서 그동안 남편들, 자식들, 그리고 일 때문에 스트레스 받으셨던 것들을 시원하게 날려 보시기 바랍니다."

감독 말이 끝나자 박수 소리와 깔깔거리는 소리가 이어졌다.
"직접 사용해 보면 아시겠지만, 여기 있는 장비들이 처음엔 어색해서 다루기가 쉽지 않으실 겁니다. 그래도 평소 우리 아이들이 훈련 때 사용하던 것들이라 여러분 손에 금방 익을 거예요."
감독이 자신의 옆에 높여 있던 대형 플라스틱 바구니를 바라보며 말했다. 바구니엔 글러브와 알루미늄 배트, 공들이 수북이 담겨 있었다. 그때 어딘가에서 걸걸한 목소리가 들렸다.
"선생님, 저희들은 유니폼이 없나요?"
다시 까르르 웃음이 터져 나왔다.
"아, 왕년에 축구를 하셨다는 분이군요. 그렇잖아도 제가 다음 주쯤에 주문할 예정이니 걱정하지 마십시오. 곧 멋진 유니폼을 받아 보실 수 있을 겁니다."
순간 여자들의 눈길이 모두 감독이 바라보는 쪽으로 향했다. 걸걸한 목소리의 주인공은 뒤쪽에 까무잡잡한 얼굴로 뒷짐을 진 채 당당한 자세로 서 있던 여자였다. 희영은 여자를 위아래로 훑어보다 위축돼 냉큼 고개를 돌렸다.
"어머, 어쩐지 탄탄해 보이더라."
경태 엄마가 희영에게 나직이 속삭였다. 그때 감독이 우렁찬 목소리로 주의를 환기시켰다.
"자, 여러분! 오늘은 예비 소집 겸 일종의 상견례를 갖는 날이다 생각해주시고요. 그리고 어려운 자리에 함께 모여 주셨는데, 공 한 번 못 만져보고 그냥 돌아가실 순 없지 않겠습니까? 그래서 이제 곧 잠깐이나마 장비와 친해지실 시간을 가져 볼 텐데, 그 전에 제가 여러분께 앞으로 저를 도와 여러분의 지도를 맡아 주실 코치진을 소개해 드릴까 합니다."

여자들이 모두 귀가 솔깃해진 채 감독의 다음 말을 기다렸다.

"자, 나와 주세요!"

감독이 손을 들어 신호를 보내자 기다렸다는 듯 1루 쪽 더그아웃에서 천천히 걸어 나오는 사람들 모습이 보였다. 순간 희영과 경태 엄마의 눈이 휘둥그레졌다. 희영의 남편과 창식, 그리고 경태가 활짝 웃는 얼굴로 함께 걸어오고 있었던 것이다. 다른 여자들도 세 사람의 등장에 적잖이 당황하고 있었다. 운동복을 입은 남편은 희영과 눈이 마주치자 멋쩍은 표정을 짓다 곧 듬직한 코치의 모습으로 돌아갔다. 희영은 무심한 줄 알았던 남편이 달리 보였다.

"여기 계신 코치진이 이제 저를 도와 정식으로 여러분을 지도해 주실 겁니다."

감독은 희영의 남편과 창식, 경태를 각각 주루 코치, 타격 코치, 투수 코치로 임명하며 여자들에게 차례로 소개했다. 세 사람이 나란히 고개 숙여 인사할 때, 희영은 문득 남편이 예전에 텔레비전에서 프로 야구 중계를 보다 응원 팀의 1루 주자가 2루 도루에 실패하자 득달같이 "어유, 굼벵이도 너보단 빠르겠다. 그게 어디 기는 거지 뛰는 거냐?" 하며 흥분했던 일이 떠올라 미소를 지었다. 그리고 남편이 야구 중계 도중 틈날 때마다 자신과 창식에게 입버릇처럼 "내가 이래 봬도 왕년에 중학교 때까지만 해도 육상부에 있었다고. 컨디션 좋을 땐 백 미터를 한 십이 초대에 끊었나?" 하던 말에 신빙성이 있겠다는 생각도 들었다. 여자들은 감독의 지시대로 나뉘어 코치진을 따라 흩어졌다. 희영은 남편을 따라 주루 연습을 하러 1루 베이스 쪽으로 이동했다. 희영과 남편은 일정한 거리를 유지한 채 서로 아무런 말도 주고받지 않았다. 남편이 희영을 힐끗 보다 고개를 돌렸다. 희영은 부끄러웠지만, 고맙다는 말이라도 건네려 주위의 눈을 의식하며 남편에게 다가갔다. 그러나 갑자기 코허리가 시큰해져 희영은 결국 남편 뒤에서 입을 닫고 말았다. 희영은 푸른 잔디에 다사롭게 내리쬐는 가을 햇살 속으로 사뿐사뿐 걸어 들어갔다.

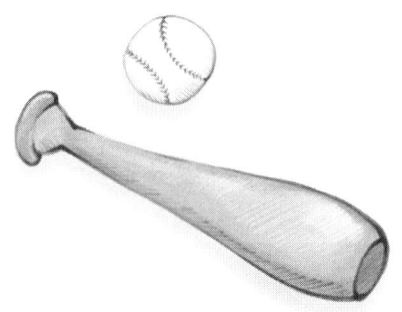

저녁눈

지월성
세종특별자치시 보듬2로

    열 살 여름, 새벽마다 집 근처 철길을 건너 사정공원에 갔다. 엄마는 불심이 깊었는데 여명이 늦고 눈으로 길이 미끄러워지기 십상인 겨울에는 집안에서 백팔배를 했고 여름에는 산을 다녔다. 엄마에게 산행은 백팔배와 마찬가지로 참회와 하심(下心)의 시간이었다. 어린 나에게 늘 자비(慈悲)를 이야기했다. 마지막까지도.
    여름이라도 새벽 네 시는 깜깜했지만 엄마 옆에 있으면 환했다. 나는 아직 키가 작고 다리가 짧으니 엄마를 따라 잡으려면 거친 숨을 골라가며 쉴 틈도 없이 뛰어야 했다. 산성동에서 사정공원까지 왕복 이십리를 두 시간에 걸쳐 오갔다. 그 덕분인지 내 허벅지는 지금도 탄탄하고 걸어다는 데에 자신이 있다.
    사정공원에 닿으면 날이 밝아왔다. 거기, 박용래 시인의 「저녁눈」이 세로로 새겨진 시비를 늘 지났다. 어린 나이에도 읽을 때마다 기분이 아득해졌다.

늦은 저녁때 오는 눈발은 말집 호롱불 밑에 붐비다
늦은 저녁때 오는 눈발은 조랑말 발굽 밑에 붐비다
늦은 저녁때 오는 눈발은 여물 써는 소리에 붐비다
늦은 저녁때 오는 눈발은 변두리 빈터만 다니며 붐비다
― 박용래 「저녁눈」

아버지가 대전 서부시외버스터미널 근처 중구 산성동으로 집을 얻어 들어온 것은 천구백팔십삼년, 내 나이 아홉 살 때였다. 동네 사람들 대부분은 가까운 시골에서 이사 온 사람들이었다.

동네가 거의 논밭이었다. 기찻길 옆이라 시끄러워 한동안 잠을 못 이루었다. 곧 적응해서 기차가 아무리 지나도 안 깨게 되었다. 소랑 염소가 하릴없이 오후 내내 풀을 뜯어 먹는 논두렁길을 걸어 문화초등학교에 다녔다.

한 학년이 열여섯 개 반이고 교실이 부족해 오후에 학교에 갔다. 당시에는 문화동, 유천동, 산성동 등 몇 개 동네 아이들이 모두 문화초등학교에 다녔다. 서대전역 근처 삼익아파트나 유천시장까지 친구 집에 놀러 다녔다. 나중에 동문초, 문성초, 원평초가 생겨 학생들이 흩어졌고 오후반은 사라졌다.

논밭에서 놀았다. 짚가리 위에 올라가 하늘을 보면 한층 멀어진 가을 하늘 아래 빨간 고추잠자리가 보였다. 겨울에는 논에서 썰매를 만들어 탔다. 썰매날은 돈 주고 사는 대신 얇은 철사를 둘렀다. 나무에 쇠꼬챙이를 송곳처럼 박아 넣어 손잡이도 만들었다. 차가운 바람에 피부는 다 얼어도 동네아이들이 다 모여 썰매를 타면 재미있었다. 얼음이 느닷없이 깨지며 바닥으로 꺼져서 빨기 어려운 겨울 잠바가 다 젖어도 아랑곳하지 않고 얼음을 지쳤다. 엄마가 나와서 고구마 먹으라고 부르면 행복했다. 잠바에서 풍기는 논바닥의 썩은 물 냄새나 겨울 들판의 퀴퀴한 냄새를 그대로 따뜻한 아랫목으로 끌고 들어가 누운 채로 고구마와 동치미를 먹었다.

여름에는 유등천에 가서 다슬기를 잡았다. 지금은 천 양쪽으로 자전거도로와 도보길이 세련되게 놓였지만 당시에는 자연하천이었다. 더운 밤에 천변에 나와 고기를 구워 먹고 다슬기를 잡는 사람들이 꽤 많았다. 다슬기를 찌면 바늘을 찔러 넣어 일일이 빼내어 먹었다.

어느 도시나 터미널 근처에는 유흥업소가 많기 마련, 유천동에는 술집이 많았다. 초등학교 삼학년 때 찡기는 운동화를 외면하는 부모님 몰래 운동화 살 돈을 마련하려고 유천동 모 신문지국에서 신문 배달을 했다. 주요 배달처가 그 술집들이었다.

"어마, 애기가 신문 배달을 다 하네, 아가 여기 요쿠르트 먹고 해."

오후 다섯 시 한가한 시간을 보내는 술집언니들이 귀여워 해주었다. 신문 배달은 일주일 만에 들통이 나 그만두었다. 엄마는 속이 상했는지 고개를 돌려 눈물을 훔쳤고, 새 운동화를 사주었다.

유천은 우리말로 버드내이다. 유등천변으로 버드나무가 많았다. 지금 버드내아파트 자리에 피혁공장이 있었는데 어찌된 사연인지 모르나 가끔씩 피혁공장 언니들이 버드나무에 목을 매달고 세상을 버리기도 했다. 버드나무가 낭창낭창 흔들리는 천변을 바라볼 때마다 마음 한구석이 서늘해졌다. 산성동에서 도마동으로 가려면 터미널근처 도마교까지 가야했는데 올림픽 즈음하여 징검다리가 생겼다. 징검다리를 건너 복수동에 있는 중학교에 다녔다. 왕복 십리가 넘는 길을 오가면서 당시 유행하던 서정윤의 '홀로서기'를 다 외웠다. 비가 와서 물이 불어 징검다리를 건널 수가 없을 땐 버스를 탔다. 걷는 것보다 시간이 오래 걸렸다.

나라 안이 온통 올림픽 개최로 시끌벅적할 때 중학교에 들어갔다. 중학교 친구들은 복수동, 가수원동, 정림동, 도마동, 산성동에서 왔다.

봄에 학교 주변 언덕 복숭아밭에서 꽃이 피어나면 설레었다. 벚꽃 구경은 엄마 다니는 절 근처 테미 공원이나 보문산, 정림동 갑천변으로 갔다. 연분홍 벚꽃 계절이 지나면 연보랏빛 계절이 왔다. 학교 안에 라일락과 등나무가 지붕으로 얹힌 길이 길게 뻗어있었다. 보라색 꽃들과 작은 뱀 같은 초록 열매를 매달고 있는 등나무 넝쿨 아래 친구들과 수다를 떨며 사춘기를 보냈다. 하루가 다르게 교복이 찢겨갔다.

큰 운동장에서는 양궁반 선수들이 활을 쏘았다. 운동장 시설이 좋아서 전국에서 찾아와 연습했다. 당시 양궁은 김수녕 등이 올림픽에서 금메달을 수상한 국가 유망 종목이었다.

그 운동장을 가로질러 내려가면 유등천에 닿았다. 지금 생각하면 개천이 별게 있나 싶은데 그 때는 개천 하나가 삶의 커다란 신비였다. 보충수업 시간이나 자습시간에 놀러 나와 물가에 발 담그고 앉아 있다 돌아가곤 했다. 물고기가 있었던가? 물살이 센 곳에 서 있으면 떠내려갈 것 같은데 그게 그렇게 재미있었다.

은영이와 은하라는 친구가 있었다. 언니, 동생인데 같은 학년이어서 신기했다. 애들이 하는 소리를 들었다.

"은영아, 너 고아야?"

"응, 혜생원 살아."

그런 대화를 아무렇지 않게 할 만큼 거친 나이였다. 은영이와 나는 친해졌다. 편지를 많이 나누었다. 학기 중에는 서로 주고받고 방학이면 편지를 부치고 답장을 기다렸다. 대문 밖에 나와 우체부 아저씨 언제 지나가시나 기다렸다. 어김없이 바로 답장이 왔다. 그때 우리는 농구를 좋아했다. 우지원이나 문경은이 우상이었다. 축구선수 황선홍도 좋아했다. 소방차나 이현우 같은 가수도 좋아했다. '바람아 멈추어 다오' 같은 노래를 즐겨 불렀다. 나는 가끔 혜생원에 갔다. 여러 명이 한 방에서 살았다. 대학생 언니, 오빠들이 와서 아이들에게 교과를 가르쳐 주기도 하였다. 누군가 오가고 여러 명이 같이 생활하는 게 부럽기도 해서 내가 나이가 들면 이렇게 고아들을 수용하는 복지 시설을 지어 운영하겠다 결심했었다. 은영이와 은하는 산업체부설고등학교에 들어갔다. 스무 살이 된 구십오 년에 시설에서 독립 지원금 이십 만원을 받고 나왔다고 들은 게 마지막이었다.

유정이는 음악을 가르쳐주었다. 차이코프스키와 알퐁스 도데와 발레리노 미하일 바리시니코프를 좋아하는 친구였다. 아버지 사업 실패로 어려움을 겪게 되었을 때도 편지를 그치지 않았다. 몸이 약해서 늘 걱정이었다. 대학 천문학과에 진학했다는 소식을 마지막으로 연락이 끊어졌다.

현순이와 편지왕래도 많았다. 현순이는 정림동 코스모스 아파트에 살았다. 아버지는 석공이었다. 언젠가 한번 집에 놀러간 적이 있었다. 지금까지도 연탄보일러일까? 당시에도 아파트가 많이 낡았었다. 산 쪽으로 깍이기 위해 서 있는 돌무더기가 보였다. 현순이

꿈은 당시 짝사랑하던 오빠와 결혼해서 아이를 낳은 뒤, 일요일 아침 아이가 앉은 유모차를 끌고 오빠와 함께 교회에 가는 것이었다. 그 꿈은 이루어지지 않았다. 현순이는 특성화 고등학교에 들어가고 일학년 때 알 수 없는 이유로 어느 날 갑자기 세상을 떴다. 현순이 부모님은 내게 물었지만 어찌된 영문인지 내가 알 리 없었다.

  중학교 삼 학년 때 담임선생님은 통일에 대한 염원을 그린 시를 주로 쓰는 시인이었다. 우리 반은 육십 명이었다. 비슷해 보였는데 졸업 때는 각자 다른 길로 갔다. 이후의 삶도 많이 다를 터였다. 열 명이 산업체 부설학교에 갔다. 스무 명은 특성화고, 주로 여자상업 고등학교로 정했는데 성적은 우수하고 성실한데 가난한 친구들이 많았다. 절반인 서른 명이 인문계 고등학교에 갔다. 은영이는 산업체고, 현순이는 특성화고, 유정이와 나는 멀리 떨어져 있는 인문계고로 뿔뿔이 흩어졌고 다시 만나지 못했다.

  팔십년대까지 섬유 산업이 호황일 때는 충일여고 같이 거대한 방적 공장이나 소규모 영세 사업장에 딸린 산업체 부설학교가 꽤 있었다. 아이들은 낮에는 공장에서 일하고 밤에 야간고등학교에 다니면서 공부를 했다. 일하는 것이 얼마나 힘들고, 일하고 나서 밤에 공부하는 것이 얼마나 대단한 것인지 그때 우리는 어림짐작도 하지 못했다. 아이들의 산업체진학이 결정되었을 때 담임은 그 열 명과 반장인 나를 불러내 점심시간에 짜장면을 샀다. 한 친구가 입가에 검은 춘장을 가득 묻히고 "돈 많이 벌어서 선생님 짜장면 사드리러 올게요" 하며 웃었다. 나는 웃을 수가 없었다. 그런데 천구백구십일년 고등학교 일학년 봄, 아이들의 입학과 동시에 대전의 많은 섬유공장이 폐업을 하였다. 섬유산업은 중국과 동남아로 이전되었고 산업체 부설학교는 폐쇄되었다. 산업체 부설학교에 간 친구들은 집으로 돌아왔다. 아이들의 운명은 길을 잘 찾았는지 모르겠다.

대학을 타지에서 보내고 돌아온 후 대전에서 이십년 넘게 살았다.
산성시장, 도마시장, 유천시장에는 여전히 사람들이 많았다. 도마시장에는 같은 반이었던 친구가 생선을 팔고 있었다. 생선가게 딸이었는데 부모님 가업을 물려받았나보다. 그는 나를 기억하지 못했다. 산성시장 도로변에 나물을 늘어놓고 팔던 할머니는 점심으로 식었을지 모를 잡채를 허겁지겁 드셨다. 고로케 하나 사오라는 누나 심부름을 수행하러 십리에 이르는 시장을 향해 걸었던 어린 동생 얼굴도 생각이 났다. 시장에는 비 가림 시설이 생기고 가게들이 말끔히 정리되어 가는 분위기였다.
진잠과 유성 사이에 충남방적 산업체 부설학교도 아직 있었다. 을씨년스럽고 귀신이라도 나올 듯한 폐허였다. 그곳에도 봄에는 환하게 벚꽃이 피어났다. 서늘한 봄 밤, 다 스러진 학교 건물 주변으로 벌써 예전에 흩어진 친구들이 벚꽃잎처럼 하늘하늘 흩날렸다.
대전은 강이 좋고 자전거를 타기에 좋았다. 동네 주변 도안천, 갑천, 유등천에서 장태산까지 자전거를 타고 가면서 계절마다 예쁜 꽃들과 다양한 나무들을 만났다. 시원한 바람을 맞으며 달리면 아픈 마음이 씻겨가고 마음속에 새로운 싹이 돋아나는 것 같았다.
주말산행으로 수통골에 자주 갔다. 도덕봉에서 빈계산까지 한 바퀴 돌면 십킬로 세 시간이 걸렸다. 뾰족한 우산봉에 오르는 길은

늘 숨이 찼다. 구봉산 정상에서 노루벌을 보면 연화부수형(蓮花浮水形) 지형이 신비감을 자아냈다. 안개라도 핀 날은 내가 연꽃 속에 들어앉은 느낌이었다.

계족산 정상에서 대청댐과 주변 마을과 계족산성에서 시내 풍경을 시원하게 감상하노라면 머릿속이 맑아졌다. 계절마다 벚꽃, 단풍이 가장 아름다운 빛으로 흐드러졌다. 부드러운 진흙을 밟으며 좋은 사람들과 즐거운 시간을 보냈다.

봄에는 복수초, 노루귀, 깽깽이풀 같은 야생화 사진을 찍으러 식장산으로 갔다. 비 오는 날 장태산에 가서 메타세콰이어 숲 사이 가로등 불빛에 사선으로 떨어지는 빗물을 느껴보았다. 여름에는 나무 그늘 아래 텐트를 치고 책을 읽었다.

지치고 힘들었을 때 대전 둘레산길에 갔다. 주말마다 구간구간 걸었다. 걸으면서 내가 이곳에 살고 있구나, 여기에 많은 사람들과 자연과 삶이 어우러져 살아가고 있구나, 알게 되면서 외롭지 않았다. 네댓 달에 걸쳐 한 바퀴를 돌고나니 못마땅하기만 했던 나를 받아들이게 되었다.

대전 곳곳에 그리고 시간 속에 흔적들, 수많은 인연들이 새겨져 있었다. 하나하나 다시없을 것이었다. 소중했다.

대전을 생각하면 여름날 새벽 네 시 엄마를 쫓아서 잰 걸음으로 사정공원을 오르던 꼬마가, 이제는 하늘에 있는 엄마가, 여름날의 다슬기, 겨울날의 썰매, 문화초등학교, 유천동 언니들, 버드나무, 징검다리, 복숭아꽃, 현순이, 유정이, 은영이, 유등천, 갑천, 수통골, 계족산 등 그 모든 추억과 인연이, 그 속에 뒤늦은 후회도 간

간히, 그리고 다가올 시간과 희망과 꿈이, 늦은 저녁 눈발처럼 불빛을 받으며, 정처 없이, 여물 써는 소리처럼 날린다, 붐빈다.

대전의 으뜸 산이자 삶의 쉼터인 계족산

김남효
대전 문정중학교 1학년

 황톳길을 걸을 때면 마치 드넓은 꽃밭을 걷는 느낌이다. 그래서일까. 황톳길을 맨발로 한 걸음, 한 걸음 내딛을 때마다 온 몸의 피로가 녹아내리고 정신이 맑아진다. 발가락을 간질이는 부드럽고 촉촉한 황톳길 덕분에 힘들었던 등산길이 편안한 산책길로 바뀐다.
 처음 계족산에 왔을 땐 맨발로 이상한 길을 왜 걷는지 이해가 안 갔다. 그러나 부모님의 권유로 걸어본 후부터는 황톳길의 매력에 푹 빠지게 되었다. 등산할 때는 무조건 계족산으로 갔고 겨울에 황톳길이 얼었을 때는 너무 아쉬웠다.
 계족산은 황톳길뿐만 아니라 사계절 내내 행복을 안겨주었다. 봄에는 알록달록한 꽃들 속에서, 여름에는 누런 황톳길 위에서, 가을에는 붉은 단풍잎들 사이로, 겨울에는 새하얗게 쌓인 눈길 위에서 가족들과 소중한 추억을 쌓았다. 또한 맑은 날에는 아빠와 형과 물웅덩이에서는 물수제비를 뜨면서 추억을 쌓았다.

계족산에서 얻은 행복은 휴대폰이나 컴퓨터에서 찾는 행복과는 전혀 다르다. 이때만큼은 마치 철없이 뛰놀던 어린 시절로 돌아간 느낌이 든다. 바쁜 일상에서 벗어나 오직 계족산에서만 즐길 수 있는 여유이기 때문이다. 학년이 올라갈수록 삶이 더 바빠지고 학원과 게임 등에 치여서 산에 갈 시간이 없어졌다. 나중에 어른이 되었을 때에는 이런 산이 있었는지조차 잊을까봐 무섭고 걱정되기도 한다.

계족산에서 쌓은 행복을 절대 잊고 싶지 않다. 아니, 영원히 잊을 수 없다. 또한 가족들과 함께 만든 추억들도 오래도록 간직하고 싶다. 입시를 앞둔 청소년기를 맞고 있기에 계족산을 자주 찾아올 수도 없지만 힘들 때마다 행복했던 기억들을 떠올리며 다시 힘을 내어야겠다.

앞으로 시간 내기가 힘들겠지만 주말이라도 계족산을 찾아야겠다. 조금만 더 크면 정해진 학교를 따라 대전을 떠나 다른 지역으로 갈 수도 있기 때문이다. 그러면 계족산을 다시 올라가보지 못할 수도 있다. 이런 생각에 계족산을 갈 때마다 그 시간을 소중히 여기고 발걸음마다 여유로운 마음을 가지면서 걷게 된다.

어린 시절을 떠올려주는 동시에 마음의 여유를 안겨 준 계족산. 사계절의 행복과 추억을 가져다주는 계족산. 대전의 으뜸 산이자 삶의 쉼터인 계족산을 어떻게 잊을까?

대전 예술의 전당은 마음이 부자가 되는 곳

김지수
대전 전민초등학교 5학년

"이번에 소개해 주고 싶은 곳은 바로, 대전 둔산동에 위치하고 있는 대전 예술의 전당이다."

난 대전 예술의 전당에 많이 가보았다. 뮤지컬도 자주 보러가지만 음악을 전공한 엄마와 함께 음악회에 종종 간다. 난 음악을 듣는 걸 좋아하는 편이다. 가요도 좋지만 가끔씩 클래식을 듣는 것도 나쁘지는 않은 것 같다. 가요는 기분이 우울할 때 들으면 좋고, 클래식은 머릿속이 복잡할 때 듣고 있으면 마음이 차분해진다.

클래식은 유튜브에서도 볼 수 있지만, 직접 가서 보면 더 실감나기도 하고, 멋진 곡을 연주하는 모습에 감동도 받는다. 나도 8살 때 친구들과 바이올린을 배우러 다녔다. 바이올린을 배울 때는 이 분들처럼 멋지게 연주할 거야 라는 생각이 커졌다.

예술의 전당은 첫 번째 꿈을 키워주는 곳이었고, 작은 악기로도 멋진 연주를 할 수 있다는 걸 알려주었다. 내가 공연을 보러갈 때는 항상 대전 시립교향악단이 연주를 한다.

대전 시립교향악단 중에서 악장이 있는데 그 분은 남자이신데도 바이올린을 잘 다루신다. 시립교향악단의 연주는 여러 악기가 잘 어우러져서 나오는 음악이다. 그렇기 때문에 연주하는 분들이 하나가 되어야 할 것 같은데 다들 한 마음으로 아름다운 연주를 들려주셔서 클래식을 잘 모르는 나도 감동받고 올 때가 많다. 이렇기 때문에 대전에서 가볼만한 곳, 인기 있는 곳 중에 하나는 바로 대전 예술의 전당이라고 생각한다.

대전 예술의 전당이 내가 사는 대전에 있다니, 무척 자랑스럽다. 자랑스러운 우리 대전, 앞으로 예술의 전당에서 더 좋은 음악을 들려주었으면 좋겠다. 시민들은 더 좋은 연주를 들을 수 있을 테니 말이다.

대전은 이미 자랑거리가 많지만, 더 많은 자랑거리가 생기기 위해서는 음악 쪽을 키우면 좋을 것 같다. 앞으로 더 발전한 대전의 모습을 상상하면, 생각만 해도 입가에 미소가 지어진다.

대전 예술의 전당에 클래식 연주를 들으러 많은 사람이 오면 대전은 우리나라, 아니 세계에서도 인정받는 도시가 될 수 있을 것 같다. 예술의 전당을 발전시키고 또 발전시키다 보면 대전도 우리나라 문화의 중심이 될 수 있을 것 같다. 음악을 연주하는 예술의 전당은 나와 같이 연주자에 대한 꿈을 만드는 첫 번째 장소라고 생각한다. 나도 예술의 전당에서 음악에 대한 첫 발을 내딛었기 때문이다.

대전 예술의 전당에 의해서 대전에 많은 관광객들이 왔으면 좋겠다. 내가 강력 추천하는 곳! 바로 대전 예술의 전당, 이렇게 소개를 했으니, 많이 와 주시면 좋겠다.

  대전 예술의 전당은 마음이 부자가 되는 곳이라고 생각한다. 마음이 복잡하거나, 슬프거나 허전한 마음을 채우고 싶은 분들이 딱 좋아하실 만한 곳은 바로 대전 예술의 전당. 이곳에서 멋진 공연을 보고 즐겼으면 좋겠다.

한 번 넘어 보시겠습니까?

윤완식
대전 보문고등학교 1학년

얼마 전 문재인 대통령과 김정은 국방위원장의 만남에서 김정은 국방위원장이 문재인 대통령에게 건넨 권유는 참 인상 깊었다. 잠시 북한으로 건너갔다가 오는 문재인 대통령의 제스처도 인상적이었다. 그렇게 꽉 막혀있던 남북을 한 발의 차이로 쉽게 오갈 수 있다는 것은 내 예전 기억을 떠올리게 했다.

"한 번 넘어가 볼까?"
예전 백두산 여행에서의 여러 경험이 떠올랐다. 백두산 정상에 표시되어 있던 대한민국, 조선의 표지판이 떠올랐고, 그 사이를 왔다 갔다 하며 사진을 찍었던 기억도 떠올랐다. 그때나 지금이나 남과 북을 오고 가는 일은 몇 년이 지나도 기억에 남을 만큼 큰 사건이고 신기한 일이었다.
백두산 여행은 모두의 반대를 무릅쓰고 어렵게 결정되었고, 백두산까지 가는 길은 참 멀고도 험했다. KTX를 타고 가면 4시간이면 갈 수 있을 거리인 것 같은데, 우리는 비행기를 타고 4시간을 거쳐 중국에 도착했다. 그리고 5시간 가까이 버스를 타고서야 백두산 근처에 도착할 수 있었다. 백두산 근처에 사는 많은 사람들은 우리와 같은 문화를 가지고 같은 언어를 사용하고 우리 민족이었다. 두만강 강변에서는 한복을 입고 춤을 추었고, 공원에서는 둘러앉아 아리랑을 부르며 김밥 도시락을 먹는 우리 민족이었다. 이렇게 같은 언어를 사용하고 같은 문화를 가진 우리가 가까운 길을 두고도 8시간이 넘는 먼 여정을 거쳐 어렵게 만날 수 있다는 것이 서글프게 느껴졌다.

'이산가족이라면 얼마나 만나고 싶었을까?'
바보 의사, 훌륭한 의사로 기억되는 장기려 박사가 평양에 아내와 가족을 두고 와 평생을 그리워하며 살다가 돌아가신 이산가족 인것을 얼마 전 한 동영상을 보고 알게 되었다. 장기려 박사가 저녁이 되면 아내와 함께 부르던 '울밑에 선 봉숭아'를 불렀다는 것은 내 마음을 울렸다. 그리고 아내에게 보내지 못한 편지를 쓰고 돌아가셨다는 것은 또 한 번 마음을 울렸다.
'얼마나 보고 싶었을까?'

이산가족의 아픔을 생각해서라도 우리는 통일을 해야 한다. 이산가족 상봉 신청자 수가 13만이 넘고, 매년 4천여 명이 사망하고 있다는 것을 생각하면 통일은 하루 빨리 이루어져야 한다. 남북 정상회담, 북미 회담에 대한 뉴스가 한창인 요즘, 통일에 대한 관심은 그 어느 때보다도 높다. 이 관심이 이루어져 통일이 되려면 우리는 어떻게 노력을 해야 할까?

첫째, 남북통일에 대한 필요성을 인식하고 관심을 가져야 한다. 청소년의 40% 이상이 통일이 불필요하다고 생각하거나 아예 무관심했으며, 57%는 6·25 전쟁이 언제 일어났는지조차 모른다는 조사 결과는 충격적이다. 통일의 주역이 될 청소년들의 통일 문제에 대한 관심, 해결 의지 없이는 통일은 어렵다. 청소년들의 통일 의식 제고를 위한 체계적인 교육으로 통일에 대한 관심을 불러 일으켜야 한다.

둘째, 북한과의 계속적인 문화적 교류를 통해 서로의 화해 분위기를 조성해야 한다. 지난 동계 올림픽 공동 출전과 같은 남북한 스포츠 교류, 남북한 예술 공연 교류 등을 통해 서로를 이해하는 문화 교류의 장을 계속 마련해야 한다.

셋째, 경제 협력을 계속해 나가야 한다. 남한과 북한은 현재 경제적 차이가 커 통일 후에도 많은 어려움이 예상된다고 한다. 북한의 자원을 남한의 기술력으로 개발한다면 우리의 국력과 경제력은 지금보다 훨씬 성장할 것이다.

'한 번 넘어 보시겠습니까?'
문화의 한 발, 경제의 한 발, 정치에 한 발.
지금 우리에게 필요한 것은 여러 분야에서의 한 발 넘어섬이 있을 때, 두 발, 세 발의 더 큰 교류와 협력이 되어 가능하다. 현재 전 국민에게 일어난 관심이 발판이 되어 통일까지 한 발, 두 발 천천히 다가가게 되기를 희망해본다.

산길 가는 나그네

김도영
대전 문정중학교 2학년

먼산 둘레길 큰맘 먹고 내디디니
숲길 나무아래 얄미운 도토리 데굴데굴
다람쥐 맘 몰라주고 술래잡기 하는구나
그 모습 지켜보던 천년세월 장승은 빙그레
오솔길 따라가던 나그네도 싱긋 웃고
아기노루 엄마따라 산길가다
남들 볼까 부끄러워 후다닥 뿌린 몽실몽실 노루똥
덤불 사이 고개 내민 동글동글 버섯무리
나그네 발길 도와 친구처럼 반겨주네

아~ 아!!
오순도순 숲속 친구 노니는 대전 둘레길
바위 돌고 고개 넘어 쉼없이 올라가니
이마엔 땀방울이 송글송글
몸은 천근만근

못 가겠다. 더는 못 가겠다.
여기가 정상이면 좋으련만

숲속 친구들 응원 속에
풀들 도움받아 참을 인 세개 품고
푸른 솔 정기받아 서릿발 오기 입에 물고
장승 할아버지 기운받아 발걸음 재촉하니
어느새 올라선 학하산 정상
머릿결에 실려오는 산들바람 솔솔
저 멀리 뭉게구름 학처럼 두둥실
발 아래 전법도량 광수사 자리하네.

아 ~ 아 ~~
나그네 마음속 솟아오르는 그 소리
일심청명 관세음보살

대전시 동구 용신 대장간

이우식
충북 제천시 하소동

무뚝뚝한
이맛살 고랑을 타고

불꽃 위로 산화하는
저 수정알 땀방울들

이 세상
거짓을 향한
소리 없는 부르짖음

벌겋게 단 쇳덩이
어금니를 악물고서

걷어 올린 바지춤
힘껏 부여잡은 채

피 맺힌
종아리 위로
모진 매를 맞는다

恨 서린 역사
휘모리 한 소절이

가시밭 눈물 길에
차마 울지 못하여

굽이진
모퉁이마다
돌아보며 가는데

오르막은 끝나고
이제 얼핏 내리막

어깨 위
무거운 짐
잠시 내려놓고서

노인은
지친 노새처럼
거친 숨을 토한다.

대전중앙시장

김시연
대전 문정중학교 1학년

"시연아, 할머니랑 중앙시장으로 찬거리 사러 나가자!"

근처에 있는 홈플러스나 이마트로 가자는 게 아니다. 사람들이 가장 북적거리는 대전의 전통시장인 중앙시장으로 구경 가자는 것이다. 우리 외할머니 집 근처엔 대전의 명물이자 자랑인 중앙시장이 있다.

할머니 손에서 자라온 내가 심심할 때마다 간 곳은 놀이터가 아닌 중앙시장이다. 그렇기에 중앙시장은 나의 유년기의 추억들이 고스란히 담겨 있는 장소라고 할 수 있다. 대부분 사람들은 전통시장보다 마트를 이용하겠지만, 할머니는 아니다. 할머니께서는 마트보다 전통 시장의 물건들이 더 싱싱하고 싸다면서 중앙시장에만 다니셨다. 한 마디로 중앙시장을 알고 있는 역사의 산 증인인 셈이다.

화려한 마트에 밀려 전통시장을 이용하는 사람이 줄었지만, 전통시장은 마트와 다르게 은근한 매력이 있다. 마트는 식품코너, 문구류, 다 종류별로 정리되어 있지만, 전통시장은 어디에 뭐가 있는지 몰라서 보물찾기 하는 느낌이 나서 좋다.

할머니께선 아기자기한 소품 전시하는 것을 아주 좋아하신다. 그래서일까? 나도 할머니를 따라다니며 소품 구경에 재미를 느낀 것 같다. 엄청나게 고급스러운데도 가격이 저렴한 소품을 찾으면 보물찾기를 성공한 듯 얼마나 기뻐했는지 모른다. 어쩌면 할머니 집에 있는 그 많고 많은 장식품은 할머니가 중앙시장의 단골손님이라는 증거일 것이다.

가장 최근에 중앙시장에 간 것은 추석 때다. 추석 때면 할머니는 전통시장에 가서 제사에 올리실 생밤과 햇과일, 사탕, 생선을 사신다. 몇 년 만에 가본 중앙시장이어서 만감이 교차했다. 항상 찬거리를 다 사면 분식집에 들러서 어묵을 먹으며 집에 돌아오던 유년의 모습이 교차되어 저절로 웃음이 나왔다.

전통 시장에 대한 관심이 점점 사라지고 있어서 너무나도 아쉽다. 나 역시 할머니를 따라 중앙시장을 많이 가봤지만 100년 이상의 역사를 가진 시장이라는 사실은 처음 알았다. 구경하는 재미와 볼거리가 풍성한 대전의 전통시장을 사람들이 많이 사랑해줘서 앞으로 중앙시장에 발길이 끊이질 않았으면 한다. 또한 웃음과 더불어 아름다운 추억들이 가득한 장소로 사람들에게 사랑받는 장소가 되었으면 좋겠다.

아이들의 세계, 오월드

박시연
대전 반석초등학교 5학년

동물들이 반겨주는 오월드, 처음 갔을 때가 6살 때였다. 내 기억으론 6살 전에는 한 번도 동물원이라는 곳에 가본 적이 없었다. 동물을 봤다면 항상 동물 백과사전에서만 만나봤다고 할 수 있다. 동물 백과사전에는 동물이 작게 그려져 있어서 사자나 호랑이등 여러 동물들의 크기가 연필보다 작은 줄 알았다. 동물원에 간 계기는 이렇다. 동물 백과사전을 보고 있는 나에게 가족들이 갑작스런 질문을 던졌다.

"시연아, 사과가 더 크니 사자가 더 크니?"

백과사전에서만 동물을 만나 봤었기 때문에 당연하듯이 말했다.

"사과요."

상상치도 못한 대답에 온 가족들이 충격을 받았나보다. 엄마와 아빠는 실제 동물들을 보여주기 위해 이날 즉시 오월드에 갔다.

오월드에 들어선 순간 너무 놀랬다. 처음 본 광경이 지금도 잊혀

지질 않는다. 많은 동물들이 자기들만의 소리로 날 반겨주는 듯 손을 흔들었다. 그때만 해도 오월드는 신비로운 세계였다. 오월드에 들어가기만 하면 주변이 온통 동물 천지고 첫발을 내딛는 순간 설레었기 때문이다. 오월드에선 생전 처음 보는 동물들이 나를 보고 있었다. 가장 인상 깊었던 건 아주 거대한 원숭이가 나를 쳐다보는 거였다. 지금 생각해도 깜짝 놀랄 만큼 충격적이었다. 요상한 얼굴의 동물들과 소통하고 싶어 행동을 따라하며 의사소통을 했다. 이런 행동을 통해 동물들과의 친근감이 생긴 것 같다.

오월드가 가장 좋았던 점은 가장 아끼는 사촌동생이 대전에 올 때마다 함께 놀러 갔기 때문이다. 사촌동생도 처음으로 동물을 직접 볼 수 있는 계기가 되었고 그 모습을 본 나도 옛 추억이 생각났다. 사촌동생과 나 또한 오월드를 통해 처음으로 동물들을 직접 만나 볼 수 있고 먹이도 줘 볼 수 있는 시간이 되었던 것 같았다.

오월드엔 사파리 말고도 아이들의 세계인 놀이공원과 공연이 있다. 놀이공원이 있어서인지 아빠와 내가 심심할 때마다 놀러가 놀이기구를 탔다. 놀이공원엔 사람이 워낙 많아 흐린 날에 종종 갔었다. 그래서 우비를 입고 비를 피해가면서 놀이기구를 탄 기억이 난다. 여러 놀이기구를 죄다 처음 타 본거라 무서웠지만 아빠의 응원과 말을 통해 용기 있게 탈 수 있었다. 그 이후로부터 아빠와 함께 즐겁게 탔다.

가장 인상 깊었던 것은 앵무새 쇼이다. 노래부터 다른 나라 말까지 하는 다재다능한 앵무새 쇼가 기억난다. 가족들이 신기해하며 환호했던 추억이 떠오른다. 이렇게 많은 일들을 통해 온 가족들과 나의 울고 웃던 추억이 생생히 남겨있다.

전국에 두 개밖에 없는 사파리가 우리 대전에 있다는 것이 좋다. 대전과 용인 에버랜드 말고 다른 지역에는 하나도 없는 오월드의 사파리가 대전의 상징이라고 볼 수 있다.
　누군가가 너희 지역엔 특별한 게 있어? 라고 물으면 어, 당연하지 우리 지역엔 오월드 있어, 라고 대답할 수 있는 대전의 자랑거리가 될 수 있는 것 같다.

광수문학상 수상작품집

대학 일반부 수상작품

제1회 광수문학상

제1회 광수문학상 수상작품집

금/상

의대에 가라

김종민
연세대학교 (이과대학 물리학과)

후-

광석은 긴 한숨을 내쉬며 바쁘게 걸었다. 어느새 12월이라 날씨가 쌀쌀했기에 내뱉은 한숨은 긴 입김으로 뿜어져 나왔다. 입김이 아지랑이처럼 떠돌다가 금방 흩어졌다. 다시 숨을 뱉었다. 또 다른 입김이 뿜어져 나와서 아까 입김이 있던 자리를 채우기 시작했다. 광석은 문을 열고 건물 안으로 들어섰다. 그가 김이 서린 안경을 닦으며 계단으로 들어섰다. 5층 정도는 엘리베이터를 타지 않고 걸어 올라가는 것이 그의 습관이었다. 문 앞에 다다르자 숨이 헐떡였다. 사무실로 들어서자 채 박사가 앉은 자리에서 벌떡 일어나 인사했다.

"안녕하세요. 일찍 오셨네요, 서 박사님!"
"어, 그래."

광석은 고개를 까딱하며 대꾸했다. 채 박사는 광석이 자리에 앉을 때까지 일어나 있다가 다시 자리에 앉았다. 광석은 옷을 벗어 의자에 걸치고 습관처럼 컴퓨터를 켰다. 컴퓨터에 전원이 들어오는 동안 광석은 깨끗이 정리되어있는 자신의 책상을 멍하니 쳐다봤다. 한때는 기호와 숫자, 데이터가 난무하는 글자가 빽빽이 차있던 서류가 가득했던 책상이었다. 지금은 텅 비어 깔끔하게 정리되어 있었다. 아내와 아들과 같이 찍은 가족사진, 그리고 상패 한 두어 개 정도와 신분증 정도만이 남아있을 뿐이었다. 그는 명패에 손을 뻗어 글자를 눈으로 읽었다.

'한국과학진흥 부문 장관상', '수석 연구원 서광석'

어느덧 컴퓨터는 파란 배경화면을 밝게 비췄다. 그가 생각 없이 마우스를 딸깍거렸다. 컴퓨터 바탕화면은 몇몇 한글 파일을 제외하고는 깨끗했다.
'이제는 정말 몇몇 행정적인 절차만 남았구나….' 그는 씁쓸한 표정으로 웃음을 지었다. 그는 손에 힘을 완전히 빼서 들고 있던 명패를 책상에 내려두었다. 탁 소리가 들리자 채 박사가 움찔했다. 광석은 익숙하고 아늑한 공간에 들어오자 몸의 긴장이 풀리는 것을 느꼈다. 잠잠히 눈을 감았다. 그는 상념에 잠기기 시작했다.

'진혁이가 태어난 것도 IMF때였지….'
처음 그가 이곳 대덕연구단지로 오게 된 것은 어떤 인생의 계획이 확고히 마음속에 자리 잡고 있었기 때문은 아니었다. 공주에서 태어나고, 고등학교까지 다녔던 그였다. 여느 남학생처럼 담배라든가 당구, 여자, 친구 혹은 싸움에 빠져 부모님의 속을 썩인 적이 없었다. 오히려 숫기가 없었던 터라 그런 것들에 전혀 관심이 없었다. 소년의 눈은 오로지 우주를 담을 때에 반짝였다. 그의 관심사는 오로지 물리학이었다. 그에게 그리스어로 쓰인 수식과 공식들은 자연의 이야기가 담겨있는 소설과도 같았다. 그가 과학기술원에 진학했던 이유도 바로 그 동경 때문이었다. 카이스트는 집과 가까운 대전에, 학비까지 전액 국가에서 부담했으니 그야말로 최적의 조건이었다. 그는 국가의 두뇌로서 최첨단 지식을 책임지고 있다는 자부심이 있었다. 노벨상의 꿈을 꾸기도 했었다. 석사, 박사까지 마쳤을 때 그의 나이는 약관의 29세였다. 그야말로 그는 자신의 젊음과 화려한 이력이 가져다주는 자신감에 가득 차있었다. 학위 과정 중에 만나 교제하던 여자 친구가 지금의 아내가 되고, 금방 아이를 갖게 되었다.

그러나 아이가 태어날 즈음 닥친 경제위기는 그의 미래를 장밋빛이 아닌 잿빛으로 탈바꿈시켰다. 고성장의 낙관적 기대와 완전 고용의 희망은 여지없이 무너졌다. 그나마 남은 양질의 연구직 일자리는 유학파의 차지였다. 특히 미국 박사 출신들은 성과면 성과, 정치면 정치 모든 면에서 앞서나갔다. 그것은 그에게 커다란 열등감으로 남게 되었다. 미국 박사 출신들은 일종의 파벌을 형성해서 그는 여러 번 채용에 밀리는 것이라고 느끼게 되었다. 결국 먹고살기 위해 비정규직, 포스트 닥터 연구원 신세로 여기저기를 떠돌아다녔다. 커가는 자식과 오르는 물가를 감당하기에 그의 봉급은 점점 벅찬 상태였다. 연구를 그만두고 사교육 시장에라도 뛰어들어야겠다는 생각이 진지하게 들었다. 다행히, 멀지 않아 모교의 지도교수가 그를 다시 대전으로 돌아오도록 제안했다. 가족들은 그 때서야 일주일에 한 번씩 고기라도 먹을 수 있는 형편이 되었다.

그렇게 정규 연구 인력이 된 이후에도 삶은 녹록치 않았다. 좋아하는 물리학을 마음껏 할 수 있었던 것은 시대의 요구와 지원이 그에게 많은 특권을 주었기 때문이었다. 그러나 권리에 따르는 의무는 바로 그에게 '물리학'으로 연구 성과를 내도록 하는 것이었다. 더 이상 물리학은 그에게 재미있는 놀이가 아니었다. 그것은 업이었다. 직업이라는 것은 결국 가치를 창출해야만 하는 것이었다. 눈으로 보이는 성과, 투자에 대한 효율을 뽑지 못하는 연구는 가차 없이 매장 당했고 책임자는 경질을 피할 수 없었다. 한 번은 그의 연구 주제가 시기적절하게 주목을 끌었던 적도 있었다. 그러나 빠르게 변하는 연구 유행과 기술 트렌드 사이에서 그것은 금방 잊히고 말았다. 점점 상향평준화되는 후배들의 능력과, 위로부터의 성과 압박에 그는 점차 지쳐갔다. 정규직이라고는 하지만 인사고과와 평가에서 자유로울 수는 없었다. 그는 연구 총괄 책임자 명찰은 달지도 못하고, 계속 수석 연구원으로 남아있었다. 자신이 조직의 눈칫밥을 먹고 있다는 생각이 만연했기에, 더 이상 남아있는 것은 편치 않았음에도 자식 교육 때문에 쉬이 관둘 수는 없었다. 그러나 이제는 그것도 한계였다. 수석 연구원 지위를 내려놓고 다른 기관의 기술 관리자로 가라는 제안에 만족해야만 했다.

광석의 상념은 아들 진혁을 생각하는 것으로 방향을 옮겨갔다. 아들 진혁은 누가 봐도 광석의 아들이었다. 아들의 키가 좀 더 큰 것을 제외하면, 외형은 판박이였다. 초등학생 때의 진혁을 바라본 광석은 자신의 어린 시절과 참으로 흡사하구나하는 생각을 했다. 특히 배울 때의 태도와 궁금증이 자신과 유사했다. 어렸을 때부터 서재에 꽂혀있는 전공서적들을 진혁은 하나 둘 궁금해 했었다.

"전자기학? 아빠, 전자기학이 뭐에요?"

"우리 아들 피카추 아니?"

"네, 알아요!"

"피카추가 백만 볼트를 쏠 때 빛이 나고 악당들은 어떻게 되지?"

"음, 음, 그러니까 까맣게 타요!"

"그럼 진혁이 자석도 알지?"

"네! 엄마가 나 소리 나는 자석도 사줬어요!"

"그 자석하고 피카추의 백만 볼트에 대해서 한꺼번에 알려주는 게 전자기학이란다."

"우와, 저 그럼 봐도 돼요?"

"그럼."

"엑, 아빠, 이거 무슨 말인지 하나도 모르겠어요."

"하하."

그 '전자기학'을 아들이 펼쳐보고 공부하게 되는 것은 고등학교 1학년 때였다. 진혁은 수학과 과학을 유달리 좋아했다. 광석은 과학 고등학교에 간 아들이 사뭇 대견하기도, 자랑스럽기도 했다. 그러나 광석은 아들이 과학을 전공한다고 하면 마음이 불편할 것 같았다. IMF시기를 지나 자신이 비정규직을 전전하고, 겨우 들어간 연구원 조직 내부에서 성과에 시달리고 있을 때, 동창회에서 만난 의사 친구들은 하나같이 외제차를 타고 나타났다. 같이 한 잔을 기울이는 동안에도 연구 주제를 계속 생각해야 했던 광석과 달리, 그들은 그저 둔산동 어느 건물을 매입했네, 어디 신도시에 집을 샀네 하는 이야기로 가득했다. 심지어는 연구소를 그만두는 지금의 자신과 달리 지금도 큰 병원에서 원장 직함을 달며 활발히 활동하는 이들은 모두 이른바 자격증이 있는 전문직이었다. 물리학을 좋아해서 택했고, 국가의 부름을 받는다는 사명도 있었지만, 결국 남는 것이라고는 허울뿐인 정신승리라는 허무감이 광석에게 밀려들어왔었다.

"아빠, 저 지금 내신이면 카이스트는 될 것 같아요."

"진혁아, 너 전공은 생각한 것 있니?"

"물리학도 괜찮고, 전자 공학이나 컴퓨터 공학도 괜찮을 것 같아요."

"과학을 계속 하고 싶은 이유가 있나보구나."

"잘 모르겠는데, 대학원까지는 가보고 싶어요."

"진혁아, 아빠가 연구원이잖아. 그것도 정부출연기관에서 일하는. 그치?"

"…."

"근데 아빠는 진지하게 네가 과학을 하는 걸 그다지 추천하지는 않아."

"네?"

"솔직히 아빠는 네가 의사가 됐으면 한다."

진혁은 아버지의 말을 그저 잠잠히 듣고만 있었다. 아버지로서, 그리고 과학자로서 자신이 살아온 세월 동안 느낀 이야기를 하나하나 아들에게 털어놓은 광석이었다.

"그래서, 의대도 한 번 고려해 보는 건 어떠니? 그 성적이면 가능은 하지?"

"네…. 알겠습니다."

그 말을 하고 나서 순간 광석은 괜히 주제넘게 말했다는 생각을 했다.

'생각해보면 어디에서 어떤 공부를 하건 지원해주고, 아들의 선택을 존중해야하는 것이 부모이거늘 참으로 내가 욕심이 많구나.'

그렇지만 광석의 마음은 진심이었다. 아들만큼은 인생에서 큰 실수 겪지 않고 살았음 했다. 자신처럼 후회하는 일 없도록, 자신처럼 좋아하는 것을 선택해서 그것을 그 무엇보다 미워하게 되는 일이 없도록, 그래서 스스로에게 떳떳하지 않을 일 없도록.

대학 수시를 마친 진혁은 얼마간 집에서 머물러 있었다. 진혁이 중학생일 때만 해도 광석이 늦게까지 연구실에 머물러 있다가 퇴근해서 아들의 자는 모습만을 볼 때가 많았다. 거기에 아직 아들이 채 깨기도 전에 다시 일찍 나갈 때가 일주일 중 최소 3일 이상이었다. 그렇게 시간이 지나서 고등학교에서는 진혁이 기숙사 생활을 했기에 서로 접할 기회가 많지 않았다. 사춘기 부자만큼 원체 어색한 것도 없겠지만, 애초에 그렇게 살갑게 부비면서 있던 사이도 아니었기에 그저 잔잔한 아쉬움과 섭섭함이 가득했던 광석이었다. 그러다가 이제 입시를 마치고 집에서 자주 보게 되니, 자연스레 대화할 기회도 많았다. 특히, 아들이 상기되어 자신에게 합격 소식을 전했을 때에는 광석의 기분이 묘했다.

"아빠, 저 일단 카이스트는 붙었는데요, 여기는 전공을 한 학년 생활하면서 결정한다고 해서 학과는 무학과에요."
"다른 곳은 어떻게 됐니?"
"서울대는 떨어지고, 포스텍은 붙긴 붙었는데 포항까지 가기는 좀 힘들 것 같아요."
내가 그것을 묻는 것이 아님을 알고 있을 텐데, 하는 눈치로 광석이 아들을 쳐다봤다.
"그리고… 그리고…"
진혁이 쭈뼛 쭈뼛 머뭇거렸다. 그러다가 홱 말을 내뱉었다.
"그… 의대는 안 썼어요, 죄송해요. 아빠 말씀을 무시하려는 그런 건 아니에요, 단지 과학 고등학교라서 의대보다는 과학기술 쪽으로 진출하라는 선생님들의 지도도 있고… 애들도 거의 공대 가니까…"
"그러니, 너는 어떤데?"
"저도…저도 공부를 더 해보고 싶어요…. 대학원 가서 연구도 하고… 그러면 군대도 면제니까 박사까지 한 다음에 외국에서 연구도 해보고…."
"그래. 네가 하고 싶은 걸 해야지. 아들, 잘했어."
애써 웃고 있었지만 못내 씁쓸한 광석이었다. 광석이 진혁의 말을 끊고 횡설수설 답변했다.
"고생했으니까 맛있는 거라도 먹어야지, 소고기 먹을까? 아니지

네가 좋아하는 걸 먹자. 진혁이가 주인공이니까…."
 바로 어제의 대화였기에 그 씁쓸함이 여전히 광석의 머릿속에 남아있던 건지도 모른다.

 뭔가 깜빡 잊고 있던 것을 갑자기 떠올린 것처럼, 퍼뜩 광석이 상념에서 벗어났다. 불편한 자세로 오래 앉아있던 터라 허리 쪽이 시큰거려왔다. 컴퓨터의 화면보호기가 켜져 검은 화면에 3차원 기하학 무늬가 떠다녔다. 광석은 마우스를 휘휘 저어 화면보호기를 꺼뜨렸다. 다시 파란색 빛깔이 드러났다. 광석은 눈을 비볐다. 안경의 초점이 잘 맞지 않는 것 같은 느낌이었다. 꿈을 꾼 것과 같이 몽롱했다. 회상에서 벗어나 찌뿌드드한 몸을 털고 광석은 휴대폰을 들여다봤다. 시간은 15분도 흐르지 않았다. 휴대폰 배경화면에서는 아내와 아들이 환히 웃고 있었다.

은상

뿌리공원

김정태
광주광역시 북구 용주로

아득한 옛일이라 잊고 살아온 피의 무게
그저 산목숨이라 숨 쉬는 것뿐
한 줌도 못 되는 씨앗의 무게를 근으로 달려고 하지 않았다

기절하기 직전인 하루가 점멸하고 난 후에
월세방 전깃불과 맞닥뜨릴 때
피는 뿌리를 원망했다

나팔꽃 같은 물풍선을 깃대에 매단 분수가
붉은 여름날
유등천을 가로질러
허이허이 다리 건너고 있을 때
313번 파란 버스는 효문화마을 앞에 나를 비운다

입을 오므린 넋을 찾아 어둠의 천지를 헤맬 때

이어져 내려온 피의 자국은
만성산 자락 침산동 공원에서
너울너울 춤추고 있다

그랬었구나
내가 김해 김가였구나, 시조는 김수로왕 감무공파 73대손
피를 보듬으며
잡풀처럼 살아온
나를 살려냈다.

은상

대전역 가락국수

이생문
경기도 화성시 영통로

무작정 상경하던 소년의 허기진 밤에도
기적소리를 듣고 기차는 정차했다
늦으면 큰일이다!
기차가 서기도 전 뛰어내리는 나
가락국수를 외친다.
그래도 국수집 주인은 시간은 충분하다며
찌그러진 양푼에
기차보다 긴 가락을 한 움큼 뜨거운 정에 말아주고
씹기도 전 넘어가는 허기진 뱃속을
국물 한 방울은 끝까지 들여다보고 있었지

기적소리도, 그 옛날 가락국수도, 그때 그 소년도
세월을 따라 떠나고 없는 지금
화려하게 차려입은 정장의 가게들만 유리벽에 기댄 채
서운한 그리움을 말똥말똥 바라보고 있는데

저만치 비켜난 모퉁이에서 누군가 나를 부른다
깔끔하게 차려입은 '대전역 가락국수'
세월을 버텨온 영광의 얼굴이
내 손을 움켜쥐고
한 시절 그리움 그만 내려놓으라고 윽박지른다.

그럴 수는 없다고 한참을 버티다
한 입 먹어 본 가락국수는 아직 늙지 않았는데
나 혼자 늙어, 그리움 함께 훌훌 말아 먹는다

은/상

삭(削)

조요섭
부산광역시 남구 수영로

여인은 삭도를 내렸다
검게 타 버린 농들이 날 위로 업힌 새벽
지는 달무리가 빛을 더듬어 오고
농들은 알알이 활자가 되어
경(經)으로 연신 아프고 있는 것이었다

배롱나무 가지 그림자 창호를 뚫고
무녀처럼 낭창거리는 법당 안
여인은 가슴으로 세운 윤장대*에 묵은 것을 담아 돌렸다
한 각씩 한 각씩 내려오는 땀은
축의 끝에서 한데 모아지는 것이었다

추녀 아래 목어는 아가미를 일렁이며
정성스레 적요를 호흡했다
일곱 번을 넘어 여덟 번째의 시간

담아낸 경들이 허연 재로 읽히며
흑백의 역사가 찬찬히 기억되었다

이윽고 축원은 끝이 나고
깎고 돌린 법당을 나서는 여인 앞에
아해 하나, 마당을 곡진히 쓸어내렸다
녀석은 푸른 것이 돋는 머리를 들더니
배시시- 앞니 빠진 웃음을 지어보이는 것이었다

날은, 가는 이를 배웅하듯 아름드리 밝아오고 있었다

* 윤장대 – 불교에서 경전을 넣은 책장에 축을 달아 돌릴 수 있게 만든 것

동/상

달밤

김대연
경희대학교

이곳에서 걸음을 수놓았다 했다
'1993년, 과학 공원'

함께 밟지 못한 길은 따라 걸었을 때
의미가 커지는 것을 뒤늦게 알았기에 걸음이 느렸다
어느 지점부터 손을 잡고 걸어 왔을지
알 수 없어 한 쌍의 걸음을 그려보는 밤
희게 웃었을 여인의 미소가 잠시
품 안에 안겼다 달아나자 그 미소를
한참 가슴에 품었을 남자의 얼굴이 드리운다
사라진 음영을 쫓자 걸음마다
사각이며 밟히는 감정의 소리들

밤은 무채색을 사랑하지
그래서 감정은 밤에 숨어들기에 알맞고

딱 걸어온 만큼의 길을 더 걷기로 한다
나를 닮고 내가 닮은 두 사람의 처음을
조용하게 따라 찍는 일의 소중함

걷는 길마다 색을 입히며
과거에서 현재로 다시 지금에서 그때로
시절에 숨어든 적 없는 사람처럼
빛 한줌만 안고 돌아오는 길목에서.

아저씨, 누군가의 아버지

김태현
강원대학교(국어국문학과 휴학)

태극기 모자를 벗지 않는 아저씨
아저씨의 옥상에 햇볕을 심는다
옥상을 적시던 땀은 말라버렸고
변색된 러닝셔츠가 새들을 쫓는다
오랫동안 비가 내리지 않은 아저씨의 옥상
가뭄의 틈새가 점점 더 넓어진다
메마른 허공에서 불어오는 바람에
옥상은 흔들리고 아저씨는 신발끈을 고쳐맨다
풀 한 포기 자라지 않는 척박한 곳
그 많던 꽃들도 나무도 말라죽었다
봄 마다 찾아오던 벌레들의 발길도 끊겼다
벌레들이 긁어주던 비어있는 옥상을
손톱이 닳도록 홀로 긁는다
과거의 흔적이 모두 사라진 곳
아저씨는 태양을 한 가득 널고

횅한 옥상 위에서 내일을 기다리고 있다
해마다 좁아지는 아저씨의 옥상에
햇볕이 빈 틈 없이 널려있다
불어오는 바람에 햇볕이 흔들린다
아저씨의 옥상이 조금씩 낮아지고 있다

소실점
― 현충원에서

박상준
전남대학교

새벽이 계속되어 돌아누웠다
외면하기 위해, 그러나 마주 본 등불은
심지를 타며 마지막까지 애절했다
살 끝을 깃이며 깎은 절벽에도 새벽이 다가온다
자유의 새는 햇볕을 토로하며 퍼드득거리는데
하나의 시선으로 포개진다

백색의 두건을 두른 고샅길에서
거친 흙 마주하는 사내는
등불을 머금고 나온다
불길보다 뜨거운 애국의 행렬을 향해서

풀잎에 이슬 조각은 눈매처럼 날카로워
날이 선 목소리와 굽은 우물을 메운다
저마다 손에 닮은 등고선을 밟는다

멍울진 토악질을 거듭하고
피골을 벗겨낸다
피를 잊은 채

불씨가 모여든다
묘소 앞
짙은 행군을 마치고
석양에 비친 바다가 뜨거워지도록

동/상

기도하는 어머니

박정미
충북 괴산군 청안면 금신리 질마로사직골

밤새 어둠이 내려앉은 애타는 속내
마른 침에 꿀꺽 삼키어 내린다.
새벽바람 풀어헤치며 젖은 이슬에
머리를 감긴다.
굽이굽이 비탈진 길 올라
불상 앞에 납작 절을 하신다.
무너진 관절, 108배를 올린다.
마디마디 주워 모아 일으켜 세우며.

도량 안 삐그덕 거리는 관절의
간절한 기도
나무아미타불 관세음보살

가부좌 불상이 외는 다라니경
보살된 어머니 가슴에

무겁게 내려앉는다.
삼매에 이른 어머니의 가슴에
들어차는 것들

타지로 떠난 자식 걱정에
이른 새벽 수없이 오르내렸을 광수사
수백 번 오고 갔을 길목
수천 번 피워내었을 우담바라
수만 번 울리었을 동종

오늘도 산을 오르는 어머니
노 스님의 한 마디
"성불하세요."

대전 孝문화뿌리축제

서희정
광주광역시 서구 죽봉대로

찬란한 가을 들녘 청명함 차르르르
피워낸 꿈송이들 하나 둘 아우르며
정갈히 차오른 바람 옹골차게 익는다

뿌리가 터를 잡고 들어선 안영천변
유등천 맑은 물은 유유히 흘러가고
끈끈한 인연 줄 따라 모여드는 인파들

겹겹이 묻은 사연 하나 둘 터져 나와
소롯이 붉어지며 달콤히 스며들 때
벌어진 신명난 굿판 덩기덩덕 흥겹다

대전에서 만난 선생님과 친구들

양수영
대전광역시 서구 도마동

사람 '인'이란 한자를 들어보면 관계가 중요하다는 것을 알 수 있다. 인생의 선한 길을 가르쳐 줄 선생님을 잘 만나는 것이 몹시 중요하다. 마른 밭을 걷는 것 같은 삶을 이겨내면서 지지하는 친구도 있어야 한다. 험한 마음으로 내려와 살던 대전에서 무료봉사를 하시는 정재홍선생님을 만나고 많은 가르침을 받았다. 학급에서 아름다운 향기를 품은 급우들을 만나 친교도 나누었다. 정현종 시인이 노래한 「방문객」이란 시의 주인공으로 대전에서 살기 시작했지만 지금은 토박이 같은 정으로 살고 있다. '양반의 도시'인 대전을 살아온 십 년의 역사는 사람들과의 추억으로 채워졌다.

자폐2급인 아들이 장애판정을 받았다. 희망이 물거품처럼 사그라지는 듯 했다. 천근같은 무거운 몸으로 서울이라는 대도시에서 대전으로 내려왔다. 고향이 논산이긴 해도 대전에는 친구 하나도 없는 곳이었다. 대전이 좋아서라기 보다는 나를 아는 서울에서는 살 수 없어서 내려왔다.

대학 나와 안정된 생활을 하는 나를 기억하는 동네사람들은 소리를 지르면서 오줌도 못 가리는 아이를 데리고 다니는 나를 생경하게 바라보면서 동정 했다. 팔자 사납다고도 했다. 걱정하셔서 물으시지만 나의 마음을 아프게 하는 질문을 서슴없이 했다. 빗줄기가 한 점 바람에도 흔들릴 수 밖에 없듯이 나는 너무 마음이 흔들려 모두가 싫었고 만나는 것이 두려웠다. 서울에서는 항상 가면을 쓰고 살아야 했다. 나는 괜찮지 않은데 슬프지 않은 척 하면서 살아야 했다. 사람들이 너무 바빠서 우리 아들을 참아줄 여유가 없는 듯했다. 붐비는 전철 안을 두리번대는 아들은 항상 부담스러운 존재가 되어버리니 내 마음은 쪼그라들어 점점 내안으로 들어가곤 했다.

내려온 대전 사람들은 나를 실패한 사람으로 생각하는 경우도 있었다. 우리 아들도 분명 사랑받을 자격이 있는 사람인데 어느 곳에서 그런 꿈을 찾아야 하나 앞이 막막했다. 부서지기 쉬운 마음을 가지고 대전 서구 관저동에 있는 관저문예회관에서 하는 무료 일어반의 광고를 보았다. 무작정 찾아간 그 곳에서 나의 스승이 되신 선생님과 친구들을 만났다.

선생님은 지금 70세가 넘으신 분이시다. 우리 선생님은 퇴직하시고 20년 동안 자원봉사로 일어반을 운영하셨다. 대전에서 나고 자란 토박이셨다. 개발되기 전의 고즈넉한 대전을 많이 이야기해 주셨다. 소몰이를 하며 금강에서 멱을 감던 어린 시절을 눈에 보이듯이 설명했다.

"인정이 살아있던 옛 대전의 아름다운 공동체를 자원봉사로 되살리고 싶어요."

선생님이 항상 강조하시던 말씀이셨다.

무료반을 계속 운영하다보니 주민들의 신망을 얻어 관저동의 구봉신협의 이사장으로 취임하셔서 근무하시다가 지금은 퇴직하셨다. 이사장 재임당시에도 세상과의 약속이라고 일주일에 4일을 빼서 수업을 하셨다. 내가 선생님을 만난 것은 올해로 5년째가 되었다.

구봉신협 이사장님이라고 해서 은행영업을 하시려고 하나 항상 경계했다. 그러나 지금까지 개인적인 이익을 구해서 은행을 선전하신 적은 없으셨다.

지금까지 학생들은 결석을 해도 선생님이 결석하시는 것은 거의 보질 못했을 만큼 성실하시다. 돈을 받지도 않는 수업을 20년 한다는 것은 평범한 사람은 하기 힘든 일이다.

지금까지 수업에서 만난 사람이 거의 2000명은 된다고 하신다. 100세시대를 맞이해서 2만 명에게 일어의 눈을 달아주는 사람으로 사는 것이 선생님의 희망이시다. 퇴임 후에 사회에 공헌하면서 사는 삶을 보여주시는 모범이 되신 것이다

퍼스트 펭귄이란 용어는 아무도 가지 않는 바다를 처음으로 뛰어드는 것을 뜻한다. 우리선생님은 자원봉사라는 개념도 잘 정립되지 않은 시기에 대전시청에 무작정 찾아가신 퍼스트 펭귄이시고

처음 하신 일을 20년 동안 하시니 훌륭한 퍼스트 펭귄일 것이다.

　인자하신 선생님과 같이 공부하던 급우들과의 많은 친분들이 있다. 모르는 나의 굴곡을 유추하고 배려하는 심안을 가지신 분들이었다. 봄마다 완주에 있는 화엄사로 원족을 가던 일이 눈에 선하다. 나이와 관계없이 사회의 경험을 나누고 마음을 보태었다. 우리 급우 중 한분은 아들 결혼식에 선생님이 주례를 봐야 잘산다면서 여러 번 부탁하여 선생님이 주례를 서 주시기도 했다. 선생님의 칠순잔치 때는 급우들이 모두 모여 합창을 하여 하모니를 선물하기도 했다. 철쭉을 재배하시는 분은 일어용어를 다 한국말로 번역해서 주변 농가에 돌리셨다고 한다. 60의 나이에 대학을 다시 들어간 제자도 있다. 선생님이 가르친 제자들이 다시 사회에 나가서 봉사하는 사람들로 살고 있다. 그 외에도 사람들이 다들 건강한 정신과 철학을 가지게 되니 그 인격으로 주변을 품으면서 살아가신다. 세상은 작은 노력들이 모여서 큰 물길을 바꾸는 것이다. 변화는 말이 아니라 실천으로 할 수 있는 것이다. 급우들의 강건한 생각이 대한민국을 건강하게 만드는 것이라고 본다.

　내가 이 반에 들어갈 때는 일어의 히라가나도 몰랐다. 이제는 웬만한 일본드라마를 볼 수 있을 만큼의 실력이 되었다. 작년에는 일본의 한국어반의 일본인들과 교류를 할 기회가 있었다. 내 친구가 되었던 재일교포3세의 아줌마가 들려주는 타향살이의 외로움에 같이 공감하기도 하였다. 아직도 한국인을 차별하여서 딸을 일본인과 결혼시키시면서 화가 난 경험을 들려 주셨다. 새로운 세상을 경험하는 좋은 경험이 되는 만남이었다. 일본어를 더욱 많이 공부를 하여 일본과의 교류에 작은 힘을 보태고 싶다.

 타향인 대전에 내려와 친근감과 안정감을 느끼게 해 주신 선생님과 교우들에게 깊은 감사를 한다. 어깨를 서로 빌려주는 것과 체온을 느끼게 해주는 것이 진정으로 행복한 인생을 사는 과정이라는 것을 몸소 보여주었다. 이런 향기로운 사람들이 모여 사는 대전은 사람살기에 아주 좋은 고장임에는 틀림없다. 내 고장을 사랑할 것이다.

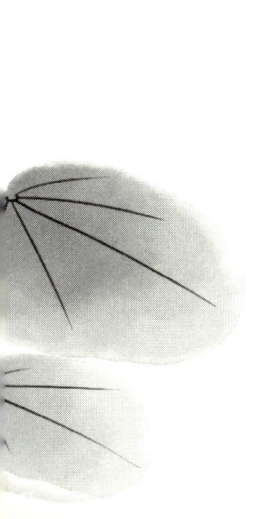

광수문학상 수상작품집

중·고등부 수/상/작/품

제1회 광수문학상

제1회 광수문학상 수상작품집

너에게로

김민주
안양여자고등학교

이곳에서 너를 만나려면
몇 개의 계단을 내려가야 할까

한걸음 한걸음 발을 내디딜 때마다
쌓이는 기분 좋은 기대감

조그만 화면 속에서만 너를 보다가
너의 싱그러운 웃음을 마주하게 되면
나의 눈은 너에게 빠지고 말겠지

네가 쓰인 이야기의 날짜만큼
계단을 내려오고 내려왔어

너의 상쾌한 향기가 내 코끝을 찌르고
네 주변의 아름다운 공간들이 내 발을 붙잡아

오늘도 너의 이야기가 쓰이겠지
사람들의 마음속에, 그리고 나의 일기장에

다시 만나는 계족산성

은상

전대산
마리아회고등학교 3학년

능선 따라 한참 가면
그 끝에서 만나는
계족산성에는
신라의 오랜 역사가
아직도 살아남아
거친 숨을 내쉰다.

오랜 세월동안
비바람 친구 되어
잠들어 있다가
발굴 통해 모습 드러낸
계족산성에는
혼란의 시대 거쳐 오면서
살아온 사람들 흔적을
만날 수 있다.

거듭되는 적의 침입을 막고
모두의 안전을 위해
온힘 기울인
조상들 흔적 속에서
대전과 함께 생사를 같이한
수많은 사람들 숨결을 엿본다.

오래전부터
지리적인 중요성 알고
침략에 대비한 사람들 지혜
그대로 느낄 수 있는
계족산성에서
오랜 세월 역사의 땅
대전 지키며 살아온
옛 사람들 모습을 떠올린다.

아득한 옛날
이 땅에서 살다간 사람들이
남기고 떠난
지울 수 없는 흔적 통해

한반도와 역사 같이한
대전의 숨겨진 이야기를
오늘 다시 배운다.

은상

종치기와 함께하는 대전

전대진
덕인고등학교 1학년

아직도 우리 기억 속에
빛바랜 추억으로 자리한
낯익은 종소리를
대전에 가면 오늘도
들을 수 있다.

정오와 저녁 7시마다
어김없이 들려오는
종소리 속에서
지나온 시간 만나고
한 걸음씩 다가오는
떨리는 시간의 그림자를
동시에 만난다.

아직도 지난 시간이 잠든

근대 건축양식 자랑하는
대흥동 성당은
대전의 원도심과 웃고 울며
많은 세월 함께한
역사의 살아 있는 증인과 같다.

이름 모를 사람들
눈과 귀 통해 전해오는
대전의 이야기 그 속에 담고
오늘도 귓가 파고드는
종소리 속에서
하루도 거르지 않고
종치는 사람의 노고를 생각한다.

웅장한 규모 자랑하는
넓은 내부에
굵직한 기둥 하나없이
햇빛 비칠 때 은은함과
조명이 함께하는
또 다른 아름다움의 세계가

숨을 내쉰다.

누군가에게는 시간 가늠하는
잣대가 되기도 하고
누군가에게는 식사 시간 알리는
정겨운 소리 되어
50년 동안 하루도 쉬지 않고
종소리 울리며 살아온
종지기의 마음이
대한민국의 중심
대전의 내일을
힘차게 열어 간다.

우성이산

조태환
대전 문정중학교 1학년

어렸을 때부터 우리 가족은 우성이산을 자주 다녔다. 집에서 거리도 가까워 자주 다니기 쉽고 높지도 않아서 우리 가족이 운동하기 딱 좋은 산이기 때문이다. 낮에 준비물을 챙겨서 차를 타고 가면 20분 후에 우성이산에 도착했고, 정상까지 올라가는데도 40분이면 올라갔다. 그런 다음 내려와 다시 집으로 돌아오면 겨우 2시간밖에 안 지나 있었다.

그저 우성이산이 좋았다. 길이 다니기 쉽게 나있었고, 높지도 않아 금방 올라가서였다. 나뿐만 아니라 누나들도 우성이산이 맘에 들었던 것 같다. 평소 운동을 싫어하던 누나들도 가기 싫다는 말을 하지 않은 걸 보고도 알 수 있다. 또한 전에는 등산을 싫어하시던 어머니까지 우성이산에 오르면서 등산을 좋아하시게 되었다.

사계절 중 우성이산에 안 가는 계절은 없었다. 여름에는 나무들이 햇볕을 가려주고 산 속에서 바람이 불어와 힘들이지 않고 올라갔고, 겨울에는 눈으로 눈사람도 만들고 올라가면서 서로 눈덩이를 던지면서 재미있게 올라갔다.

특히나 가족들과 눈싸움을 하며 올라갔던 날에는 시간가는 줄 모르고 재미있게 놀았다.

처음으로 우성이산 정상에 올랐던 날은 아직도 기억에 남는다. 그 전까지 내가 알고 있었던 산의 정상은 실제로는 산의 중턱이었다. 아버지께서는 어린 내가 정상까지 올라가면 너무 힘들어 할까봐 산의 중턱인 곳을 산의 정상이라고 말씀하신 거였다. 이 사실을 알고 나자, 더더욱 산의 정상에 가보고 싶었다. 그렇게 해서 처음으로 정상에 도착했다. 정상에 오자 정상에 올랐다는 뿌듯함과 성취감에 나는 큰 기쁨을 느꼈다. 이 날 이후, 다시는 산의 중턱에서 멈추지 않고, 정상까지 갔다 왔다.

요즘은 우성이산에 잘 가지 않는다. 아버지께서 허리를 다치셔서 등산하면 더욱 나빠질 수 있기 때문에 아버지가 더 이상 산에 가지 않으시자, 누나들까지 산에 가지 않겠다고 했다. 결국 등산을 잠시 중단했다. 아버지의 허리가 다 나은 후에도 우리 가족 모두가 등산을 가기 귀찮아해서 1년 동안이나 우성이산을 가지 않았다.

비록 지금은 가지 않지만 언젠가는 다시 찾아갈 것이다. 그게 언제가 될지는 모르겠지만, 다시 산의 정상에 올라서고 싶다. 우리 가족의 쉼터이자 운동 공간이었던 우성이산을, 난 잊지 않을 것이다.

계단과 나

김소희
대전맹학교 고등학교과정 3학년

계단 오르기가 어려운 것은 그 끝이 저만치에 보이기 때문이다. 그보다 더 어려운 것은, 어느새 오르기를 잊어버린 발걸음일 것이다.

오랜 투병 생활을 마치고 맞은 그 다음 해 여름은 무척이나 더웠고 짜증스러웠다. 게다가 그때가 아직 여름의 시작이라 생각해 보라. 아마도 아직 다 넘기지 않은 달력을 보며 가을을 기다리고 말 것이다. 내게 그 해 여름은 그러했다. 모든 게 짜증스러웠고, 불만이었다. 게다가 오랜만에 찾아온 외척들까지 당시 에어컨이 보편화되어 있지 않았던 시절, 우리집은 더웠고 사람의 체온은 무려 36.5도라는 사실은 우리를 절망하게 했다. 나는 병약했고, 또한 더위를 참을 만큼 너그러운 성격이 못 되었다. 생각 끝에 우리 가족들은 근처에 있는 대청호로 피서를 떠나기로 결정하였다.

외할아버지와 외할머니, 이모들과 외삼촌, 외숙모, 외사촌, 그리고 나와 부모님은 따가운 햇살을 맞으며 대청호에 들어섰다. 한국에서 세 번째로 큰 호수, 충남권의 젖줄을 뚜벅뚜벅 걸으며 우리

가족들은 여름이 꼭 나쁜 것만은 아니라는 생각을 했다. 푸르른 녹음과 그에 맞서 반짝이는 햇살은 참으로 눈부셨다. 호수 주변을 둘러싸고 쳐진 새하얀 난간들은 그리도 깨끗해 보일 수가 없었다. 이토록 멋진 곳을 곁에 두고도 여태껏 와보지 못한 것에 내심 아쉬웠다.

  하지만 그런 환희도 잠시, 나는 아연실색하고 말았다. 그건 바로 꼭대기까지 올라가야 할 계단들. 그 계단들은 왜 그토록 하얗고 까마득해 보였던 것인지, 왜 그리도 많아 보였던 것인지 알 수가 없었다. 예전의 나였다면, 아무 문제없이 달려 올라갔을 것이다. 7살 때 그 험하다는 대둔산도 등반해 본 내가 아니던가. 하지만 오랜 투병 생활로 누워만 지내던 내게 계단이란, 열 계단 정도가 한계였다. 엄청난 고열로 손상을 입었던 내 폐는 들숨과 날숨을 제대로 구별하지 못했고, 오래토록 걷지 않아 근육이 빠져버린 두 다리는 높은 곳을 오르기에는 부적절해 보였다. 그렇게 망설이고 있던 내게 등을 내민 사람이 있었다. 바로 아버지셨다. 어디서 그런 기운이 나셨을까. 어디서 그런 생각을 하신 걸까. 지금에 와서는 차라리 나를 차에 두고 가시는 편이 좋은 방법이었을 텐데, 하고 생각하지만 그때 당시만 해도 나는 샘이 많았다. 다른 사람이 본 것을 반드시 나도 보아야만 직성이 풀릴 것 같았다. 어쩌면 아니었을 수도 있다. 그때 나는 어렸고, 다시 말하지만 더위에 지쳐 있었으니까. 그렇지만 아버지는 내게는 그 넓어 보이는 등을 기꺼이 내미셨다. 어린 딸이 조금이라도 높은 곳에 오를 수 있게, 더 아름다운 곳을 눈에 담을 수 있게. 병원에 갇혀 있던 그 시간 동안, 집안에서 있던 그 시간 동안, 조금이라도 더 넓은 세상을 바라볼 수 있게 하신 것이었다.

그렇게 나는 그 많던 계단을 무사히 올라설 수 있었다. 아버지의 등에 업히니, 그 많던 계단도 한주먹거리로밖에 보이지 않았다. 그때의 내 귀에는 아버지의 헉헉거림이 들리지 않았다. 아무리 힘이 없다 해도 절대 가볍지 않을 내 몸무게가 떠오르지 않았다. 다만 내 눈엔 점점 가까워 오는 대청호의 푸르름만 보였을 뿐이었다.

마침내 도착했을 때, 나는 어머니와 함께 팔짱을 끼고 대청호 주변을 걸었다. 따가운 햇살이 내리쬐었지만, 호수는 푸르렀다. 이 많은 물이 다 어디서 났을까, 이걸 다 어디에 쓸까 하는 호기심은 그때는 들지 않았다. 다만 바다도 아닌 저 물 속엔 무엇이 살까 하는 궁금증이 들 뿐이었다. 그 당시 나는 '댐'이 정확히 무엇인지도 몰랐고 단지 물을 가둬놓은 것이 저렇게나 클 수도 있냐는 의구심이 들었을 뿐이었으니까. 그래도 그때의 기억으로 산책하는 동안은 무척 즐거웠던 것 같다. 탁 트인 하늘, 끝도 없이 펼쳐진 댐. '댐'이란 가뭄 때와 홍수에 각각 물을 저장하여 자연재해를 막는 곳이다. 이토록 큰 댐을 건설하기 위해 수많은 시간과 노력, 비용이 들었을 걸 생각하면 경이로운 일이 아닐 수 없다.

그래도 함께하지 못했다면, 아버지의 등이 아니었다면, 나는 계단 밑에서 하염없이 하늘만 올려다보았을 것이다. 그곳에서 본 세상이 전부라며 속상해 하고 있었을지 모른다. 우리가 아픔을 느끼는 건, 문제 해결의 방안을 찾는 건, 모두가 살아 있기 때문에 가능한 일일 테니 말이다. 심각한 물 부족을 겪는 우리나라가 그래도 깨끗한 수돗물을 펑펑 쓸 수 있는건, 아마도 살아왔었던 누군가의 마음으로, 앞으로 살아갈 누군가의 '삶'을 걱정한 탓이 아니었을까. 꼭 오늘만을 살아가는 것이 중요한 것은 아니다. 더 중요한 것은 내일을 준비하는 일일 테니 말이다.

올 여름은 무척이나 길었다. 그 해 여름도 그렇게나 길었다. 너무나 힘들었던 탓일까. 돌아오는 길, 아버지의 등은 축축이 젖어 있었다. 아버지의 키가 165를 간신히 넘을까 말까. 60킬로그램도 채 넘지 않는 몸으로 나를 받치기에는 너무나 힘드셨던 모양이었다. 내 나이 불과 아홉 살. 그런 아버지의 버거움을 생각하기에는 너무나 어렸다. 그러고 보니 조경지 주변을 걷는 동안은 아버지의 모습을 볼 수 없었다. 워낙에 같이 걷는 걸 싫어하는 분이시니 그렇다고만 생각했다. 어쩌면 다른 곳에 쭈그려 앉아 거친 숨을 헉헉 몰아쉬고 계시지는 않았을지.

"여기 참 좋다."

이모가 했던 말인지, 외할아버지께서 하셨던 말씀인지는 잘은 기억이 나지 않는다. 내 발로 걷고 있기에, 내 피부로 느끼고 있기에 '참 좋다'라는 말을 입에 머금을 수 있을 테다. 아무리 극심한 태풍이 불어도 내가 사는 이곳만큼은 언제나 안전했다. 그래서 가끔 내려지는 휴교령에 다 미안해질 지경이었다. 그렇게 삶은 우리가 안전하다 생각하는 곳에서도 온갖 위험을 동반하며 살아가나 보다. 때로는 아버지의 작은 등이, 우뚝 솟은 저 댐처럼 모든 바람과 물을 막아주듯이 그렇게 계속.

신탄진을 떠나와 대전에 정착한 지도 벌써 10년이 넘었다. 그러면서 많은 것이 변한 것 같지만, 때로는 별로 그런 것 같지도 않다. 내가 걷는 길과 지나다니는 거리의 풍경은 그대로인 것 같은데, 내 곁에 있는 소중한 사람이 그대로인 것을 보면 참 즐겁다. 지금은 많이 편찮게 되신 아버지의 구부러진 등은 더 이상 나를 업어주기에는 불가능해져버렸다. 그가 둘러선 울이 낡았다 해서 무서워하지는 말자, 언젠가 내가 그 울이 되면 되니까. 그리고 그 울이 무너지지 않게 끊임없이 보수해야겠지만.

　대청호에서 내려오는 길, 또 다시 수많은 계단이 내려다보였다. 왠지 혼자서도 내려갈 수 있을 것 같았다. 그 높은 계단은 올려다볼 때만 거대해 보였기 때문이다. 하지만 막상 중간쯤 내려가다 보니 몹시도 힘겹다는 사실을 발견했다. 대청호에서의 시원한 바람이 내 머리의 땀을 씻겨주었지만, 길가로 내려오는 순간, 따가운 햇살이 마중을 나와버렸다. 이마에 송글송글 맺힌 땀은 미니 선풍기로는 도저히 다 감당할 수 없을 정도였다. 연신 이마에 맺힌 땀을 닦아주시던 어머니는 걱정스러운 표정을 지으셨다. 그 손길은 '조금만 더 기운을 내'라는 것 같았지만, 후들거리는 다리로는 서 있기 힘들었다. 걷기를 망설이는 내게 이번에도 아버지는 어김없이 자신의 등을 내미셨다. 그 등을 덥썩 잡고 나는 또 다시 올라탔다. 그러자 내 몸이 두둥실 날아올랐다. 저만치 대청호가 파랗게 손을 흔드는 것 같았다. 아버지의 등이 둥실둥실, 흔들흔들, 비틀거렸다. 난간을 붙잡고 내려오는 아버지의 힘겨운 손길보다 앞으로 기울어지는 내 머리가 걱정될 만큼 나는 이기적이었다. 이마에 맺힌 내 땀만 닦았다. 아버지의 젖은 등을 몰라보았다. 다른 사람들은 먼저 다 내려가고 우리 두 사람만 남아서 아래로 내려갔다. 마침내 내려와 밟은 땅은 조금은 아쉬웠다. 아버지의 등이 그토록 좋았는데, 땅에서 발을 디디니 마치 추운 겨울날 집에서 쫓겨난 듯한 기분이었다. 아버지의 마음은 어떠했을까. 힘들고 괴로우셨을까. 그게 아니면, 오래도록 병원에 있던 딸이 비로소 세상 밖을 보았다는 환희로 가득 찼을까. 오랜 노동으로 단련된 아버지의 단단한 등과 그을린 얼굴은 그 따가운 여름 햇살을 고스란히 받고 계셨다. 다른 가족들은 그런 아버지를 보며, 안타까워하셨다. 솔직히 우리 아버지는 빈말이라도 '건장하다'라고 말할 수 없는 체격이셨기 때문이다. 그런 아버지의 여린 등은 내 휘청이는 다리만큼이나 연약해 보였고, 위태해 보였던 모양이다. 그렇지만 아버지는 끝까지 포기하지 않으셨다. 내가 병원 밖으로, 집 밖으로 나올 수 있을 때까지 기다려주셨고, 묵묵히 내 손을 잡아주셨다. 그 손이 아무리 거칠고 모가 났다 해도 내게는 언제나 정겨운 손이다. 언제나 맞잡고 싶어지는 손이다.

　몇 달 전, 다시금 대청호를 찾았다. 어느새 여름은 가고, 선득한 가을 햇살이 나를 맞았다. 그곳은 언제나처럼 푸르렀지만, 어렸을 때 보았던 것만큼 바다처럼 보이지는 않았다. 울긋불긋 물든 낙엽이 손을 흔드는 가운데, 나는 또 다시 계단을 올랐다. 그토록 높고 부조리해 보이던 계단이 어느새 걷기에 그리 나쁘지 않다는 것에 나는 웃었다. 내 다리에 붙어 있을 근육과 차분해지는 호흡은 내게 오늘을 감사하게 만들었다. 다른 지역보다 많은 나무가 내게 풍부한 산소를 베풀어준 덕분이었을까. 아니면, 내 곁에서 묵묵히 지켜봐준 소중한 사람들 덕분이었을까.

　언제나처럼 빛나는 호수는 이번에도 찾아줘서 고맙다고 말하는 것 같았다. 낙엽이 날리고 성큼 다가서는 겨울이 머지 않았음을 느꼈다. 저만치 앞서 가시는 아버지는 뭐가 그리 지루한지 주머니에 손을 집어넣고 계셨다. 나는 거리를 걸으며 생각했다. 대전은 부산처럼 큰 도시도 아니고, 울산처럼 거대한 공업 도시도 아니다. 그렇다고 제주도처럼 풍광이 훌륭한 도시는 더더욱 아니다. 그래도 이곳에 발을 붙이고 사는 건, 내가 이곳에서 태어났고 그곳을 아버지처럼, 어머니처럼 느끼고 있음이라는 생각. 아무리 좋은 곳에 있어도 이곳이 생각나는 건, 이곳 냄새에 내가 너무 물들어버린 탓일 것이다. 이곳의 느리면서도 고요한 거리는 나를 안온하게 품는 듯했다. 도심 속에서 숨쉬는 자연을 걸으며, 익숙하다는 건 참 좋은 일인 것 같다는 생각을 했다. 느리다는 건 느긋하다는 것일 테다. 고요함 속에서 우리가 평안함을 느끼듯이, 우리 주변의 익숙한 것들은 우리를 따뜻하게 만든다.

　물은 언제나 흘러가려는 성질이 있다. 높은 곳이 있으면 내려가기 일쑤이다. 내가 걷는 이 길처럼. 대청호를 둘러싼 난간은 여전히 하얘 보였다. 그 주변을 따라 걸으며, 저 물은 결국 어디로 갈까 하는 생각을 다시 한 번 했다. 어디론가 흘러가는 이 물은 결국 우리 목으로 다시금 들어갈 것이다. 내가 뱉은 날숨이 다시금 섞이어 누군가의 들숨이 되는 것처럼.

　나는 그날도 걸었고 앞으로도 걷고 싶다. 이 길을. 이 정겨운 길을. 모두와 함께. 내가 이 길을 처음 걸었을 때에도 소중한 이들과 함께였고, 다시금 걸을 때도 누군가와 함께였으니 말이다. 먼 훗날, 나와 함께 걸을 이가 함께 잡은 손이 따뜻한 사람이었으면 좋겠다.

동/상

대전의 꽃, 백목련

박성준
안성중학교 1학년

앙상한 가지 끝으로
하얗게 묻어난 젖은 솜 하나가
3월의 시작을 알린다.

물을 잔뜩 머금은
그래서 더
두려운 솜덩이 하나가

어느새
용기를 내어
잎 하나를 나뭇가지에게 선뜻 내주었다.

3월을 눈치 챈
나뭇가지도
서서히 초록잎을 보여주며

봄에게 말했다.

순백의
꽃에게.

넌, 백목련

동/상

전망대

오영훈
충북고등학교 2학년

대전의 전망대
하늘공원에서

옆에 있는 풍차에
기대어 시내를 바라보니
생각나는 이 느낌

마치 등대와 내가
보고 있는 것이
너를 보고 있고

기대는 것이
너에게 기대어 있는 느낌이 드는 걸까

참회(懺悔)
– 나만의 용기

이재영
대전 보문고등학교 1학년

누구든 살면서 잘못을 저지른다. 가벼운 죄부터 용서받기 어려운 죄까지 남녀노소, 경제, 사회적 위치를 따지지 않고 죄를 저지른다. 그 죄들은 독특하기도 하며 그 죄들로 인하여 짜릿한 쾌감을 맛보게 하기도 한다. 그러한 죄들이 우리에게 좋은 점이 있었다고 하여 그것이 죄에서 벗어나게 될까? 물론 사람들이 이해하지 못하고 용서하지도 못하는 거대한 중죄들은 죄에서 절대로 벗어날 수 없고 대체로 법에 의해 판결이 나며 그에 마땅한 처벌을 받게 된다. 그렇다면 법의 눈에 보이지 않는 개인적이고 사소한, 어쩌면 우리가 숨기고 있는, 혹은 마음속에 담아두고 사죄를 하지 못한 그런 죄들을 어떻게 무마 할 수 있을까? 어찌 보면 인간은 보복성 혹은 질서만을 위해 법을 집행한다. 세상에는 범죄를 저지르고 재범을 일으키는 사람들도 많이 있고…. 그들에게 진정한 참회란 형벌에서는 할 수 없다. 나는 진정한 참회란 무엇인지 『보현행자의

서원 - 참회록」을 통해 이를 소개해 보려한다.

우선 이 책은 '사단법인 대전광역시 불교청소년연합회'의 책으로 이 책을 읽으며 진정한 참회에 대해 다시 생각하게 된다. 기나긴 과거부터 오늘날까지 참 성품을 어기고 우리가 어리석고 미혹하고 성내고 탐욕으로 많은 죄를 지었다는 말로 시작된다. 그리고 이 책은 입, 즉 말과 관련된 죄의 참회를 이야기 한다. 말로 지은 죄는 특히나 오늘날과 같이 수많은 경쟁과 부담 등으로 인해 많은 스트레스를 받고 결국 한계치에 쉽게 도달하여 어린 나이부터 저지르게 된다. 어쩌면 요즘의 세대뿐 아니라 지금까지 인류가 살아오며 가장 빈번하고 쉽게 저지르는 심한 죄일지도 모른다. 그 뿐 아니라 우리는 행동으로 나타내지 못하며 지키지 못할 말들을 입 밖으로 가볍게 내기도 한다. 이 역시 자신의 말에 책임을 지지 못 하고 거짓으로 만들어 버리는 죄이다. 이렇게 사소하지만 가장 쉽게 저지르는 곳부터 우리는 죄를 짓는다. 나 또한 그러했다. 책임을 지기보다는 책임을 회피하기 위해 이 '말' 이라는 것을 교묘하게 이용하여 죄를 지었고 나의 말은 누군가가 아파할 만한 곳을 날카로운 송곳이 되어 사정없이 찌르기도 하였다. 나는 이 책을 읽고 사소하지만 굉장한 것들을 바꾸기 위해 노력하였다. 사소한 잘못은 누구나 할 수 있다. 한번도 잘못을 하지 않는다면 아마 그건 사람이 아닌 신이라 해도 과언이 아닐 것 이다. 가장 중요한 것은 참회이다. 나도 나의 말에 책임을 지기 시작하였고 내가 하겠다는 꿈에 책임을 지기 위해 여러 활동을 하며 말 뿐만이 아닌 행동으로 나만의 참회와 잘못을 하지 않게 행동을 하고 있다. 또한 내가 송곳처럼 꽂았던 내 친구의 마음을 치유하기 위해 사과하는 용기도 가지게 되었고 그 용기는 나에게 편안함과 나에게 무거운 짐으로 남을 뻔한 후회를 지워주었다. 과연 자신의 죄를 알았는데 그에 대한 참회를 통한 책임을 지지 못한다면 이 역시 또 다른 죄를 통한 자신의 업을 쌓는 것이 아닐까 하는 생각. 그러니 우리는 각자가 지은 죄들을 참회할 필요가 생기는 것이다.

참회의 방법은 생각하기보다 어렵지 않았다. 내가 이 책을 읽으면서 알게 된 것은 그렇게 어려운 방법이 아니었지만 그 전 과정을 행하는 것에서는 그 과정의 참회에 대한 무거운 일이 따랐다. 그 방법은 이러하였다. 이제부터는 다시는 악한 업을 짓지 않겠다고 청정한 일체 공덕 속에 머물러 있겠다는 내용을 다짐하는 것이다. 그렇게 되면 찬란한 자성광명 앞에 우리의 죄에 대한 어둠들은 사라지지 아니 할 수 없게 된다. 그리고 더 이상의 우리의 죄업은 존재하지 않게 되고 우리는 지성으로 참회하여 다시는 죄를 생각하지 않는다. 그리고 앞으로는 항상 활기차고 밝은 마음으로 일체 공덕을 실천하며 끝없는 청정행을 펼쳐 나아가는 것이다. 또한 내 눈에 남이 잘못한 것처럼 보이면 그것은 남의 허물이 아닌 나의 허물임을 알아야한다. 이렇게 꽤나 지켜지기에는 힘든 것들을 이루어야 한다. 하지만 우리의 죄업을 참회 하는 것은 우리의 책임이 따른다. 때문에 우리는 우리 죄의 책임을 다하여 더 이상의 업은 없애고 다른 이들을 돕기까지 할 수 있게 되는 것이다. 추가적으로 우리는 우리에게 겪어지는 고난과 장애를 원망하지 않으며 고난과 장애가 나타났으면 자신의 업장이 모두 소멸되었음을 믿고 기뻐하며 용기를 내는 것 이다.

이 내용들은 모두 불교와 관련된 종교의 참회 내용이다. 하지만 생각해보니 나를 포함한 우리 모두 무언가를 원하고 바랄 때 우리보다 더 높은 혹은 위대한 존재들에게 부탁을 한다. 결국 이도 마찬가지인 것이다. 이 내용은 우리의 죄를 알고 인정하여 더 이상의 죄를 짓지 않고 남들이 나와 같은 행동을 하지 않도록 막는다는 것 이다. 결국 틀린 말이 아니다. 그리고 이 글을 쓰고 있는 나에게도 참회의 길이 필요하단 것은 틀린 말이 아니다. 나는 이 책을 읽고 한 가지 습관이 생겼다. 우리 학교는 대전유일 종립학교로 종교 시간을 가지게 된다. 나는 그 시간에 수많은 부처님들의 불상 앞에서 죄를 반성하고 용서 받을 참회의 길들을 얻기 위해 나의 죄를 고하고 그 분들의 앞에서 한참을 생각하고 있으면 그 죄에 대하여 진심으로 반성하고 사과할 용기가 생기기 때문이다. 나는 나의 이러한 참회가 나를 항상 발전시켜 줄 것이라 믿는다. 나는 참회 하였으므로 죄업이 소멸되고 생명의 끝없는 부처님의 자비공덕이 넘쳐 남을 믿으며 지나간 어둠을 마음에 붙들지 않고 정진할 수 있는 밝은 나를 만날 수 있었다.

월평동

동상

이지수
대전 대신고등학교 2학년

하루의 낙을 끝마친 후엔
푸른 하늘의 햇빛에 곁들여
월평초등학교의 울타리
사이로 얼굴을 넣으면 보이는
청청한 느티나무 옆을 지나면
보이는 편의점에서 꺾어
나는 학원 가는 중.

머리가 크면서, 발이 넓어지면서
간 곳은 고작 이마트 트레이더스
잘 생각해보니
하루의 끝마칠 낙이 없을 땐

다시 생각해보니
발은 대전을 돌아다녔는데
마음은 집에 있었나봐

어린 시절부터 지금까지 추억을 쌓아온 둔산동

정진학
대전 문정중학교 1학년

 난 태어나서부터 지금까지 대전에서만 지낸 대전 토박이다. 어렸을 때부터 자라온 탓일까? 대전 곳곳에 추억이 담겨있는 장소가 많다. 그 중 추억이 가장 많이 담겨있는 곳은 가장 오래 산 둔산동인 것 같다.
 둔산동은 내게 의미 있는 곳이다. 둔산동에 이사 오기 전에는 주말부부이신 부모님이 떨어져 사셔서 아빠와만 살았다. 둔산동에 이사 온 후부터 온 가족이 함께 살게 되었기에 더 살갑게 느껴지고 즐거운 기억이 많아졌다. 또한 이웃에게 도움을 많이 받게 되면서 사람들을 도우며 살아가야 한다는 걸 다시 한 번 깨닫게 해준 곳이기에 둔산동만 생각하면 마음이 따뜻해진다.
 둔산동이 아닌 곳에서 살았다면 지금처럼 잘 성장할 수 있었을까? 오래 생각할 것 없이 난 아니라고 고개를 저어본다. 둔산동에 이사 오면서 다른 친구들처럼 열심히 공부하고 다른 사람의 도움을 많이 받으면서 인격적으로 성장할 수 있게 되었다고 생각하기 때문이다.

어린 시절부터 지금까지 계속 둔산동에 살면서 친구들과 있었던 일들, 부모님과 두 분이서 서로 같이 살게 된 일 등등. 모든 일들이 아름다운 추억으로 남게 되었다. 그 동안 겪은 일을 바탕으로 난 한 걸음 더 성장할 수 있게 되었다.

어린 시절부터 지금까지 추억을 쌓아온 둔산동. 어렸을 때부터 살아온 만큼 마음 한곳에 쌓아둔 추억들이 많다. 이웃 주민들이 서로 도와 화재를 막은 일, 유치원에 다니던 일, 어린이집에 다니던 일 등등. 많은 일들을 겪으면서 난 이웃의 소중함과 서로 도우면서 살아가야 한다는 걸 배웠으니 평생 잊을 수 없을 것 같다.

앞에서 말한 일들을 겪으면서 이웃들과 서로 도우면서 살아가야 한다는 걸 깨닫게 되었다. 둔산동으로 이사 오게 되면서 난 지적으로도 성장하였고 남을 위해 헌신해야 한다는 마음 또한 커지게 되었다. 현재 중학교 1학년인 정진학의 전반적인 모든 면을 성장시켜 준 둔산동은 절대 잊을 수 없는 추억의 장소로 오래도록 잊지 못할 것 같다.

광주문학상 수상작품집

초등부

수/상/작/품

제1회 광수문학상

제1회 광수문학상 수상작품집

자전거 역사를 쓴 곳, 엑스포 시민광장

안규현
한밭초등학교 4학년

"좋아! 천천히, 천천히. 우리 아들 잘 한다~."
　처음으로 자전거를 배운 곳은 바로 엑스포 시민광장이다. 대전 사람이라면 엑스포 시민광장을 잘 알 거라 생각한다. 엑스포 시민광장은 태어나서 처음으로 자전거 역사를 쓴 곳이다.
　엑스포 시민광장은 대전의 자랑거리라고 할 수 있다. 사계절, 365일 언제나 새롭고 신기한 곳이며 내 인생의 역사를 쓴 엑스포 시민광장은 지리적으로 좋은 곳이다.
　옆에는 예술의 전당과 박물관이 있고 몇 발자국만 더 가면 도심 속의 숲 한밭수목원이 우리들을 기다리고 있다. 이렇게 좋은 곳이 또 어디에 있을까? 우리나라, 아니, 전 세계를 뒤져보아도 이렇게나 좋은 곳은 없을 것 같다.
　이토록 아름다운 곳을 몰라보고 사람들은 디즈니랜드를 찾아간다. 우리나라 사람으로 태어났으면 우리 것을 존중하고 좋아해야

되는 게 너무나 당연한 것이 아닌가? 지금 디즈니랜드나 레고랜드에 있는 사람들에게 죽기 전에 가족들하고 꼭 한번 대전 엑스포 시민광장에 오라고 권하고 싶다. 그렇다고 디즈니랜드를 비난하는 것은 절대 아니다.

"야호! 성공했다!"

자전거를 처음 탔을 때 했던 말이다. 오랜 노력 끝에 얻어낸 성공의 기쁨, 이제 친구들처럼 자전거를 탈 수 있다는 기쁨, 그리고 또 하나의 기쁨은 자전거 타기를 성공하고 대전 엑스포 시민광장에서 가족들과 컵라면과 떡볶이를 먹은 곳이라는 거다.

대전 엑스포 시민광장은 나에게 가장 큰 기쁨을 준 곳임에 틀림없다. 다른 사람들에게는 하찮은 곳일 수도 있지만 나에게는 큰 기쁨과 성공을 이루도록 해준 하나뿐인 곳 대전 엑스포 시민광장….

처음으로 자전거를 배우고 할머니, 할아버지와 즐거운 추억을 쌓게 해준 하나뿐인 쉼터일 뿐만 아니라, 아주 멀리 여행을 가거나 이사를 가도 내 머릿속 깊은 곳에 자라잡고 있는 엑스포 시민광장! 난 엑스포시민광장을 잊지 못 할 것 같다. 잊고 싶어도 계속 생각나는 곳은 바로, 자전거 역사를 쓴 장소인 대전 엑스포 시민광장이다.

할아버지와의 추억이 담긴 한밭수목원

김나윤
대전 삼천초등학교 5학년

　한밭수목원은 우리 가족과 뗄래야 뗄 수 없는 추억의 장소다. 엄마는 지금도 한밭수목원을 갈 때마다 마음이 아프다고 한다. 사실 우리의 외할아버지는 내가 태어나기도 전에 돌아가셨다.
　할아버지는 마음이 따뜻한 분이셨지만 바쁘셔서 엄마와 삼촌과는 많이 놀아주지 못하셨다. 그래서 일까? 엄마와 외삼촌이 어렸을 때는 공원에서 할아버지와 시간을 보낸 기억이 별로 없다고 한다. 하지마 우리 오빠에게 만큼은 다른 세상에서 온 사람처럼 자상하셨으며 을 웃으셨다. 예의를 중요하게 여기시고 항상 엄격하셨던 할아버지가 오빠 앞에서는 다른 모습으로 변해서 모두 깜짝 놀랐다고 한다.
　어느 날 갑자기 할아버지는 병원에서 암 진단을 받으셨고 우리 가족들은 깊은 슬픔에 잠겼다. 자주 편찮으시지도 않고 항상 건강하시고 강한 분이셨는데, 가족들은 갑작스런 할아버지 병에 너무 놀랐다. 그러던 어느 날 엄마가 퇴근을 하시며 할아버지께 어디 계시는지 전화를 하셨다.

"아빠, 어디 계세요?"

"정원아, 재윤이 데리고 한밭수목원에 와 있어. 재윤이가 밖에 나가고 싶어하더라."

한밭수목원은 할아버지가 정말 좋아하는 장소였다. 이렇게나 멋진 공원이 집 근처에 있어서 좋다고 자주 말씀하셨다. 엄마는 한밭수목원으로 달려가셨다. 몸도 안 좋으신데 오빠를 데리고 한밭수목원을 가셨다고 하니 얼마나 걱정이 되었을까? 그 때 우리 오빠는 3살이었다. 할아버지는 무선 자동차를 천천히 조종하고 계셨다. 오빠는 전동 자동차 안에서 잠이 들어 있었고 할아버지는 오빠를 정말 사랑스러운 눈으로 보고 계셨다고 한다.

재윤이가 전동 자동차 타고 싶다고 해서 빌렸는데, 어느 순간 천사처럼 잠이 들었단다. 오늘은 많이 피곤했나 보다. 예쁜 손자와 공원에서 시간을 보낼 수 있어서 정말 좋구나."

할아버지는 한밭수목원에서 아빠와 아주 많이 놀아주셨다. 공을 던지고, 공차기도 해주시고, 식물을 보며 이름도 알려주시고, 놀이터에서 오빠가 미끄럼틀을 타고 내려오면 할아버지는 미끄럼틀 앞에서 오빠를 반겨주셨다. 사실, 그 날 한밭수목원에서 무선전동 자동차를 조종하며 할아버지가 놀아주신 일은 오빠와의 마지막 추억이 되었다. 그 날 이후로 한밭수목원은 할아버지에 대한 그리움이 담겨있는 장소가 되었다.

엄마의 말로는 할아버지가 계실 때 내가 태어났으면 나를 엄청 예뻐하셨을 거라고 하신다. 공원에서도 많이 놀아주셨을 게 분명

하다.

　그 동안 엄마는 얼마나 슬프고 마음이 아팠을까? 만약 내게 이런 일이 있다면 너무 슬퍼서 울고만 있을지도 모른다. 현실인지 조차 받아들일 수도 없었을 거다. 엄마는 어른들이 아기를 전동 자동차에 태워 조종하는 것을 볼때마다 할아버지 생각이 정말 많이 난다고 한다. 그래서인지 우리 엄마는 오빠와 나를 전동 자동차에 자주 태워주셨다.

　우리 가족은 시간 날 때마다 할아버지와 함께 했던 추억을 되새기면서 아름다운 한밭수목원 길을 따라 걷는다. 사계절 아름다운 한밭수목원 곳곳에 다정하신 할아버지가 웃고 계신 것만 같다.

자랑스러운 우리 동네, 수통골

박세현
대전 계산초등학교 5학년

"물 맑고, 경치 좋은 수통골로 놀러 오세요."

우리 동네 수통골은 마음에 쏙 드는 곳이다. 전망 좋은 내 방 침대에 걸터앉아 빈계산을 바라보고 있으면 마음이 편안해진다. 우리 집에서 바라보는 빈계산은 언제나 아름답다. 계절마다, 날씨마다 보여주는 매력이 달라지기 때문에 언제든 놀러 와도 상관없다. 난 이따금 행복한 마음으로 하늘을 올려다본다.

학교에 다녀오면 마침 사람도 차도 없는 시간이어서 굉장히 조용하다. 조용한 환경 속에서 하늘과 빈계산을 보고 있으면 세상을 다 가진 것 같은 기분이 든다.

우리 학교도 자랑할 만하다. 어느 교실이든 전망이 너무 좋다. 우리 교실을 예로 들자면 왼쪽으로는 광수사 뒤에 빈계산이 늠름하게 서 있고, 오른쪽 복도 창문으로 보면 화산천이 졸졸졸 흐르고 있다. 매번 정기적으로 숲체험과 냇가체험을 가서 자연체험도

하니 최고의 학교라 할 수 있다.

어디 그뿐인가. 수통골은 아직까지 발전할 수 있는 가능성과 잠재력이 매우 많다. 오투그란데 2차 아파트가 생겨났고 지금 3차 아파트도 짓는 중이다. 3차 아파트가 완성이 되면 그만큼 수통골은 발전 할 것이다. 우리 동네의 뛰어난 자연 환경인 빈계산과 화산천을 그대로 보존하고 나머지들이 발전한다면 최고의 동네가 될 수 있을 것 같다. 자연환경과 발전된 문화가 합쳐진 동네가 될 것이다. 그렇게만 된다면 얼마나 좋을까?

또한 수통골은 도시 반, 시골 반인 것 같다. 떠들썩 하고 시끄러운 발전의 도시와 평화롭고 조용한 시골이 합쳐진 모순되는 동네이다. 이러한 동네에서 살게 된 것이 난 정말 행운아라고 느껴진다.

우리 동네는 별명이 참 많다. 자연과 문화가 어우러진 도시, 도시 반 시골 반, 아름다운 광수사와 그 뒤로 듬직하게 서 있는 빈계산이 있는 도시, 등등 정말 별명이 많다. 그런데 그 별명들이 모두 다 이 수통골의 장점으로 만든 것이니 굳이 내가 말하지 않아도 수통골에 많은 별명만큼 많은 장점이 있다는 것을 알 수 있을 것이라 믿는다.

친구들과 언제 놀러 와도 예쁜 풍경을 감상할 수 있는 우리 동네, 내가 봐도 자랑할 만하다.

대전의 국립 중앙과학관

정세욱
대전 용산초등학교 5학년

 대전은 어릴 적부터 지금까지 살고 있는 고향이다. 우리나라에는 6개의 광역시가 있다, 6개의 광역시에는 부산, 울산, 광주, 대구, 인천, 그리고 내가 살고 있는 대전이 있다. 여섯 광역시 모두 좋은 곳이지만, 대전은 공기 맑고 인심 좋은 고장이다. 대전에 대해서도 설명하고 싶은 것들이 너무나도 많지만, 국립 중앙과학관을 소개하고 싶다.
 국립 중앙과학관은 내가 대전에서 자주 가는 곳이다. 국립 중앙과학관은 어릴 때부터 많이 다닌 기억이 있다. 실제로도 체험기구들도 정교하고 설명도 잘 되어있다. 주로 여가시간을 보낼 때에 가는데, 부모님과 함께 가거나 친구들과 함께 가기도 하였다. 국립 중앙과학관은 내가 어릴 때부터 다녀서 익숙하지만 그렇게 자주 가지는 않아서 갈 때마다 '여기 이런 것이 있었나?' 싶은 때가 많았다.
 국립 중앙과학관에서 즐겨했던 활동은 주로 체험 기구들을 통해

서 직접 작동하는 것을 지켜보는 것이다. 옛날부터 나는 국립 중앙 과학관에 가면 거의 모든 체험 기구들을 다 둘러보거나 작동시켜 서 본 후에 몇 가지 설명을 보고 기념품을 사서 돌아가고는 하였 다. 그 만큼 국립 중앙과학관은 부모님과 함께 보아도 좋지만, 친 구들과 보아도 굉장히 좋은 곳이다.

 옛날에 친구들과 함께 갔던 적이 있었는데 그때는 부모님과 함 께 가는 것과는 색다른 느낌이어서 이후로는 친구들과 여러 번 갔 다. 친구들과 함께 가게 되면 쓸데없이 충동구매를 하게 되는 것 같다. 예전에 친구와 친구의 부모님과 함께 국립 중앙과학관에 갔 었다. 친구의 부모님과 함께 가기까지 했었는데, 5만원이나 과소 비를 했었기 때문이다.

 국립 중앙과학관이 좋은 또 다른 이유는 바로 처음 보는 사람도 쉽게 이해할 수 있게 설명이 아주 자세히 적혀있어서 누구나 쉽게 이해할 수 있다. 아무리 과학을 처음 접하거나, 과학을 모르는 사 람도 꼼꼼히 읽으면 이해할 수 있다. 나 역시 옛날에는 과학기구들 에 사용된 원리를 잘 모르고 이해하지도 못했지만, 여러 번 가고 읽다보니 이제는 잘 이해하게 되었다.

 이러한 이유들 덕에, 난 대전이 좋다고 생각한다. 앞으로도 대전 에 더 많은 문화시설이 생겼으면 좋겠다.

유림공원으로 놀러오세요

손겸유
대전 반석초등학교 5학년

"유림공원 국화축제 보러 가자."

유림공원에서 국화축제를 한다는 소식을 듣자마자 우리 가족은 바로 달려갔다. 밤의 유림공원은 조명도 아름답게 켜져 있었고 꽃도 화려하게 펼쳐져 있었다. 국화축제에 가보니 기대한 것보다 더 아름답고 멋졌다.

우리 가족이 갔을 때는 다행히 사람들이 많지 않아서 사진을 자유롭게 찍을 수 있었다. 가족들과 활짝 핀 국화를 보면서 걸었던 기억이 가장 남았고 행복했던 것 같다. 조명의 색깔이 내 마음에 들어서 더욱더 아름답게 보였다.

유림공원은 계룡건설 회장이었던 이인구 회장이 대전시에 기부했다고 한다. 유림공원이 만들어져서 많은 사람들이 이곳에서 쉬고 즐길 수 있다. 1년에 몇 만 명이 넘는 사람들이 휴식을 하고 축제를 즐기기 위하여 유림공원에 찾아온다. 유림공원에서는 쉬고 즐길 수 있는 것뿐만 아니라 가족이나 친구와 함께 다양한 좋은 추억들을 만들 수 있다.

유림공원 근처에 있는 궁동은 유명한 곳이다. 궁동은 충남대학교와 카이스트 가운데에 위치하고 있다. 밤이 되면 사람들이 많아진다. 그 곳에는 맛있는 먹거리도 많고 재미있는 놀거리도 있고 쇼핑도 마음껏 할 수 있는 아주 재미난 곳이다.

우리 가족은 궁동에 자주 가보았다. 왜냐하면 아빠께서 충남대학교에서 일하시기 때문이다. 궁동에 가면 우리 가족은 오락실을 꼭 들렀다 가는데 그곳에서 인형뽑기와 두더지잡기와 에어하키를 한다.

이곳에는 무척이나 맛있는 횟집이 있다. 이 음식점도 궁동에 오면 우리 가족이 꼭 들렀다 가는 곳이다. 궁동에서 좋은 추억들을 많이 만들 수 있는 곳이기도 하다. 가족이나 친구들과 같이 즐겁게 먹고 놀면서 행복한 시간을 지낼 수 있는 궁동이 좋은 것 같다.

엑스포 과학공원과 계룡산 국립공원 등 가족과 함께 할 수 있는 공간들이 많은 대전이 고맙다.

동
상

또 한 번의 대전 여행을 시작하며

이윤경
인천 장서초등학교 3학년

 난 나의 고향이자 할머니 삶의 터전인 대전을 소개하고자 합니다. 내가 태어난 곳은 유성으로 성장기 시절부터 늘 방문했던 곳이죠.
 KTX를 타고 갈 땐 고향이여서 그런지 가는 순간마다 마음이 포근해지는 느낌이 듭니다. 조용히 창가를 보면 나무는 초록빛으로 물들어져 있고, 새들은 자기 짝을 찾으며 아름다운데 벌써부터 할머니를 뵐 생각에 너무 기분이 좋아 가벼운 걸음으로 무지개다리를 걷고 있는 듯합니다. 하지만 난 기다리기 지루했는지 몇 분이 몇 시간처럼 느껴졌습니다. 잠시 후 KTX 문이 열리자 모든 게 영화의 한 장면같이 근사하고 멋졌습니다.
 '이렇게 멋진 곳이 나의 고향이라니…!'
 라는 생각이 들었는데, 우리 외할머니의 터전을 생각하면
 '광수사! 그래!'

할머니를 뵙기 위해서는 광수사에 계시는 그 곳으로 우리 가족은 갔습니다. 우리 가족의 행복을 기원하고 싶어 법당으로 향해 갔는데, 부처님 불상이 행복한 얼굴로 나를 맞이해 주었답니다. 그래서 소원을 빌었죠.

"우리 가족의 행복이 오래 가도록 도와주세요"

소원을 빌고 나니 마음이 편안해져 마치 부처님께 안긴 느낌이었지만 무엇보다도 난 우리 가족과 함께 시간을 보낸다는 것이 더 좋았답니다. 난 어려서부터 계속 갔었던 추억의 놀이터가 있는 대전이 좋고 상상력이 풍부한 나의 동생의 우주선 놀이와 미사일 놀이는 몇 년이 지나도 변함이 없는 것 같네요. 항상 이렇게 재미있게 놀이를 할 수 있는 곳은 대전 밖에 없었죠. 이 밖에도 우린 카이스트와 대전에 있는 솔로몬 파크에서 나의 미래의 꿈을 키우고자 방문했던 곳을 다시 한 번 방문하여 또 다른 추억을 만들고 싶어집니다. 그 이유는 법에 대한 것들을 간접적으로 체험을 통해서 후일에 보다 쉽게 다가갈 수 있도록 해준 곳이기 때문입니다. 그리고 부모님과 같이 체험할 수 있어 더욱 유익했고 내 하루는 많은 일들을 하며 재미있게 하루의 시간을 보냈습니다. 그 다음날은 대전의 유명한 곳인 유성온천 지구에 있는 족욕체험장에 가서 동생과 함께 발을 따뜻한 물에 담그며 신나는 이야기도 나누고 물을 튀기면서 발장난도 했습니다. 지금 그 시간을 돌이켜보면 그 때가 가장 재미있었던 것 같습니다. 그리고 시간은 계속 흘러갔고 우린 그 동안 즐거운 시간을 보냈습니다. 나는 '다음에 대전에서 어떻게 보낼까?' 라는 생각 밖에 없었지만, 아쉽게도 내 기대와 달리 우린 다시 나의 집으로 갈 순간이 다가왔습니다. 안타까웠지만….

"새로운 추억을 다음 기회에 만들께. 잘 있어~!"
제 말이 끝나자마자 기차는 집으로 향해 출발하고 그렇게 나의 대전 여행이 마무리 되었답니다.